발 행 일	2024년 03월 04일(1판 1쇄)
개 정 일	2024년 09월 02일(1판 2쇄)
I S B N	979-11-92695-20-4(13000)
정 가	14,000원
기 획	컴벤져스
집 필	김경민, 김민영
진 행	김진원
본문디자인	디자인앨리스
발 행 처	㈜아카데미소프트
발 행 인	유성천
주 소	경기도 파주시 정문로 588번길 24
홈 페 이 지	www.aso.co.kr / www.asotup.co.kr

※ 이 책은 저작권법에 따라 보호를 받는 저작물이므로 무단 전재와 무단 복제를 금지하며, 이 책 내용의 전부 또는 일부를 이용하려면 반드시 ㈜아카데미소프트의 서면동의를 받아야 합니다.

한글 2020 프로그램 실행 및 화면 구성 알아보기

■ 한글 2020 프로그램은?

한글과컴퓨터에서 개발한 워드프로세서입니다. 워드프로세서는 각종 전자 문서를 읽고 고치거나 작성할 수 있는 사무용 소프트웨어를 뜻합니다. 한글 2020은 한컴오피스 제품군 중 하나로 한국의 대표적인 문서 작성 프로그램입니다. 한글 프로그램의 확장자는 'HWP'이며 우리말을 뜻하는 한글과 구분하기 위해 'HWP'라는 용어로 부르기도 합니다.

■ 한글 2020 화면 구성은 다음과 같습니다.

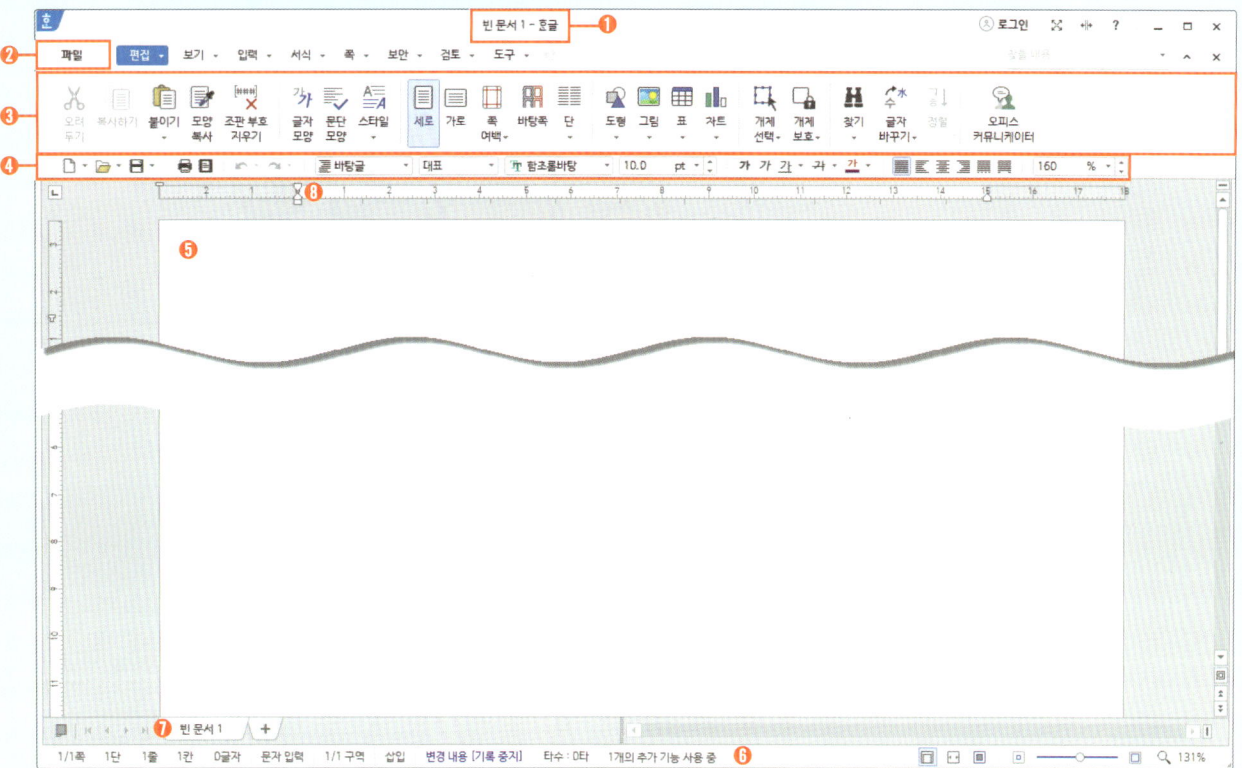

① **제목** : 프로그램의 제목과 최소화, 최대화, 닫기 단추가 나타납니다.
② **메뉴** : 프로그램에서 사용하는 메뉴를 비슷한 기능별로 묶어 놓은 곳입니다.
③ **기본 도구상자** : 각 메뉴에서 자주 사용하는 기능을 묶어서 메뉴 탭 형식으로 보여줍니다.
④ **서식 도구상자** : 문서 편집에서 자주 사용하는 기능을 모아 아이콘으로 묶어서 놓습니다.
⑤ **편집창** : 글자나 그림과 같은 내용을 넣고 꾸미는 작업 공간입니다.
⑥ **상황선** : 편집창의 상태 및 마우스가 있는 곳에 대한 정보 등을 보여줍니다.
⑦ **문서 탭** : 작성 중인 문서와 파일명이 표시되어 있습니다.
⑧ **눈금자** : 개체의 가로와 세로의 위치나 너비를 알기 위해 사용을 합니다.

이런 내용으로 구성되어 있어요!

■ **완성작품 미리보기**

각 장별로 스토리를 소개하고 완성 작품을 미리 확인할 수 있어요.

■ **본문 따라하기**

한글 2020의 여러 가지 기능들을 체계적으로 학습할 수 있도록 구성되어 있어요.

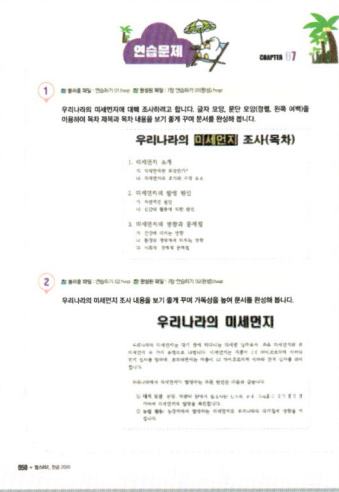

■ **연습문제**

앞에서 배운 내용을 다시 한 번 복습할 수 있도록 연습문제를 제공합니다. 그리고 중간평가와 종합평가로 배운 내용을 점검할 수 있도록 구성되어 있어요.

CONTENTS

CHAPTER 01 — 나를 소개해요 · 006

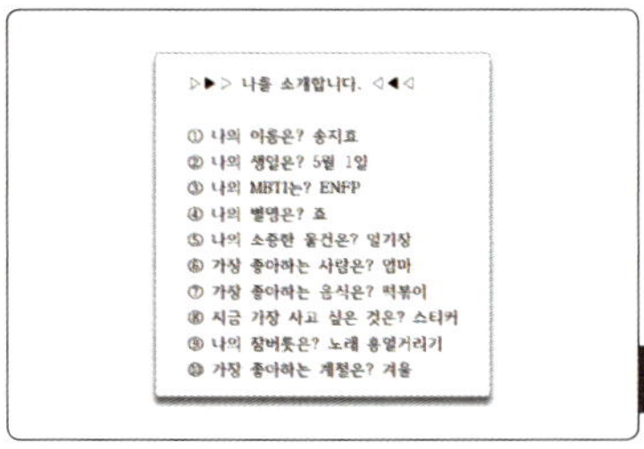

CHAPTER 02 — 우리 동네를 소개해요. · 012

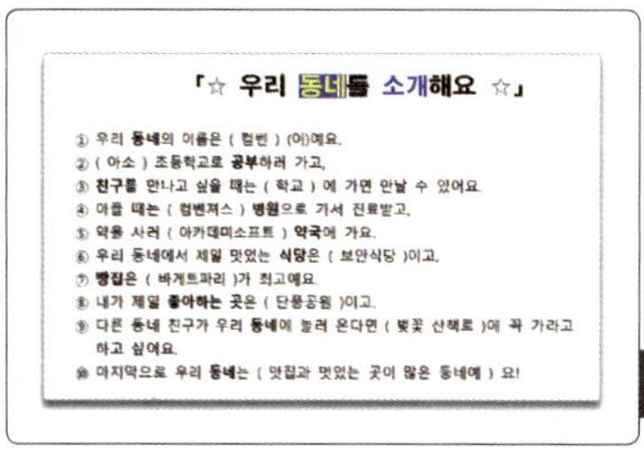

CHAPTER 03 — 사자성어 · 018

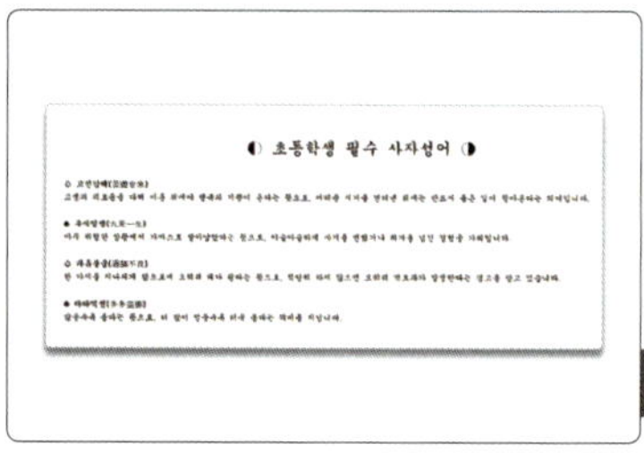

CHAPTER 04 — 우리 지역 구석구석 · 024

CHAPTER 05 — 나의 하루 · 032

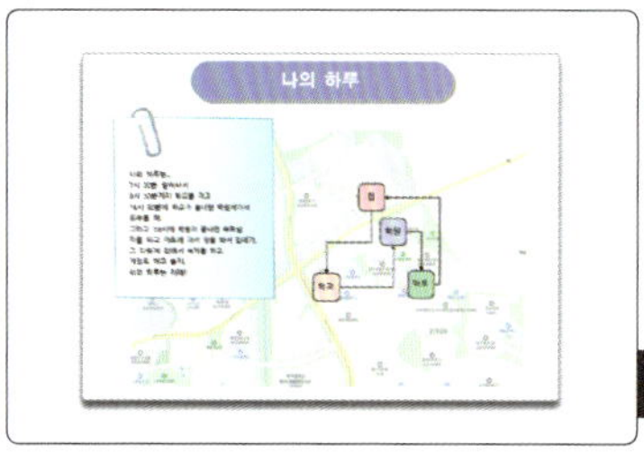

CHAPTER 06 — 우리 지역 직업 사전 · 038

CHAPTER 07 — 우리 지역 문화 유산 · 044

CHAPTER 08 — 우리 지역 공공 기관에서 하는 일 · 052

CHAPTER 09 — 역사 인물 조사 마인드맵 · 060

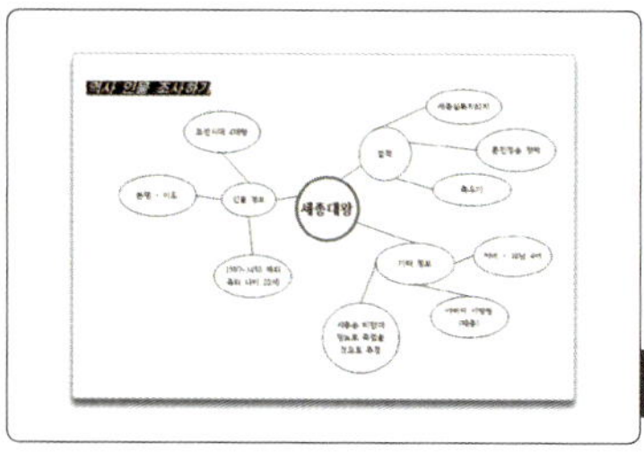

CHAPTER 10 — 역사 인물 조사 보고서 · 066

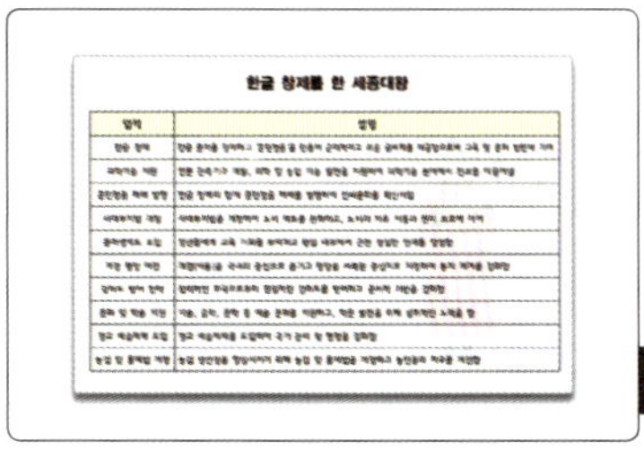

CHAPTER 11 — 미세먼지 등급표 만들기 · 072

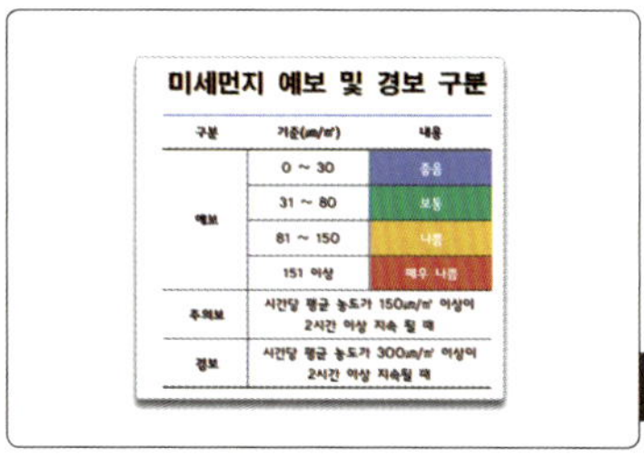

CHAPTER 12 — 미세먼지 그래프 그리기 · 078

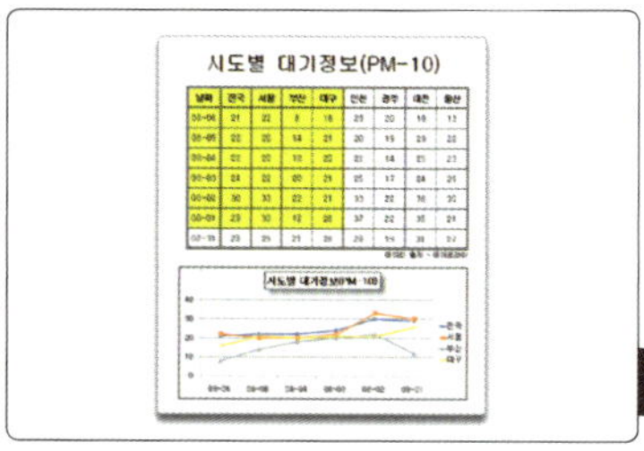

중간평가 · 084

CHAPTER 01 나를 소개해요.

학습목표
- 윈도우용 워드프로세서 프로그램인 한글 프로그램으로 한글 문서를 열 수 있습니다.
- 문자 입력 및 문자표를 사용하여 특수문자 입력을 하여 파일을 완성합니다.

📘 불러올 파일 : 나를 소개합니다.hwp   📗 완성된 파일 : 나를 소개합니다(완성).hwp

 **완성작품 미리보기**

{ 오늘 배울 기능 }
한글 2020 시작, 열기, 메뉴, 텍스트 입력, 문자표, 저장하기

▷▶▷ 나를 소개합니다. ◁◀◁

① 나의 이름은? 송지효
② 나의 생일은? 5월 1일
③ 나의 MBTI는? ENFP
④ 나의 별명은? 죠
⑤ 나의 소중한 물건은? 일기장
⑥ 가장 좋아하는 사람은? 엄마
⑦ 가장 좋아하는 음식은? 떡볶이
⑧ 지금 가장 사고 싶은 것은? 스티커
⑨ 나의 잠버릇은? 노래 흥얼거리기
⑩ 가장 좋아하는 계절은? 겨울

 **스토리 소개**

10문 10답을 통해 나를 스스로 알아보고, 친구들에게 소개하는 시간을 가져봅니다.

 TIP
- 우리가 사용하는 '한글 2020' 프로그램은 윈도우용 워드프로세서 프로그램입니다. 워드프로세서는 문서의 작성과 편집을 도와주는 프로그램입니다.

1 글자 입력하기

❶ [한글 2020]을 실행한 후, [파일]-[불러오기]-[불러올 파일]-[CHAPTER 01]-'나를 소개합니다.hwp'를 선택한 다음 <열기> 단추를 클릭합니다.

❷ 문서가 열리면 나를 소개하는 10개의 질문에 대한 답을 입력해 봅니다.
- 예제와 똑같이 써도 좋지만, 자신의 소개를 직접 써봅니다.

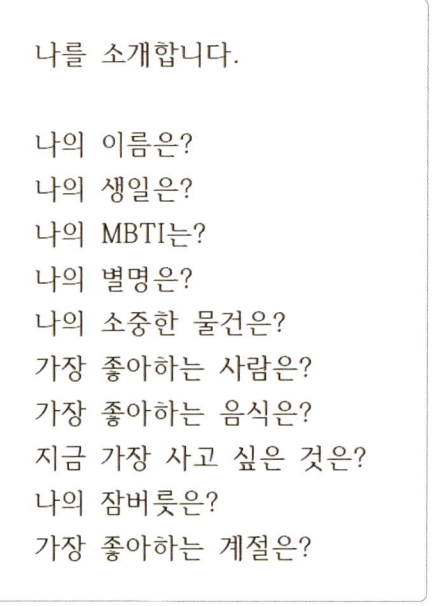

나를 소개합니다.

나의 이름은?
나의 생일은?
나의 MBTI는?
나의 별명은?
나의 소중한 물건은?
가장 좋아하는 사람은?
가장 좋아하는 음식은?
지금 가장 사고 싶은 것은?
나의 잠버릇은?
가장 좋아하는 계절은?

❸ 문서의 첫 줄을 클릭한 다음 [입력] 탭-[문자표]의 목록 단추를 눌러 [※ 문자표...]를 선택합니다.

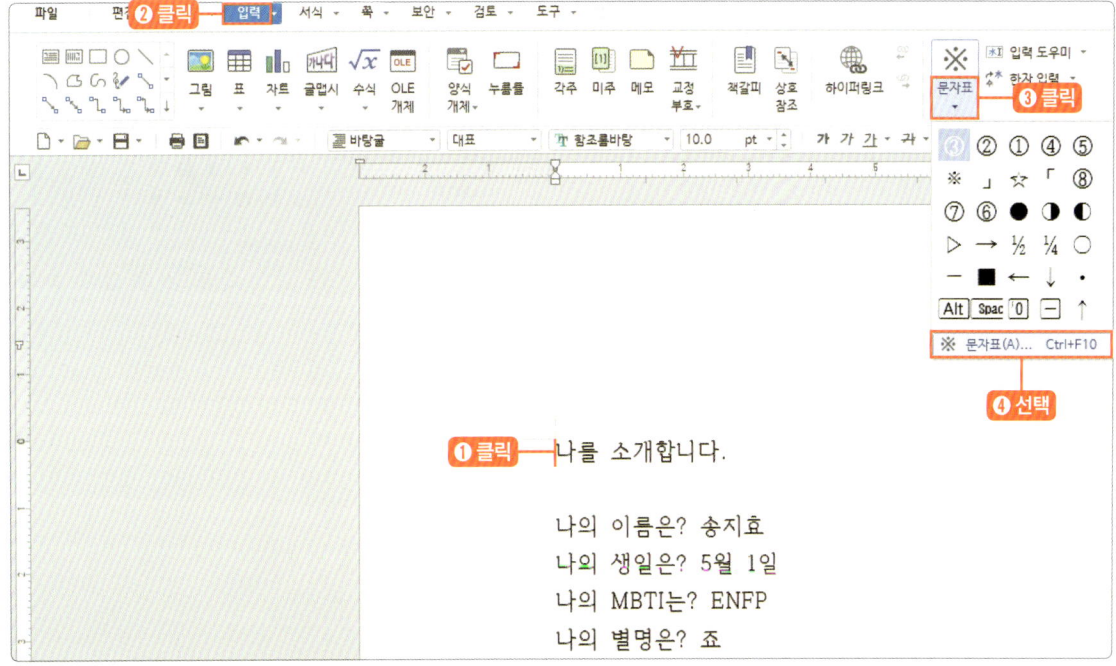

❹ [문자표] 대화상자가 나오면 [사용자 문자표] 탭-[기호2]를 순서대로 클릭하고 '▷' 모양을 선택하여 <넣기> 단추를 누르면 문서에 기호가 표시되는 것을 확인할 수 있습니다.

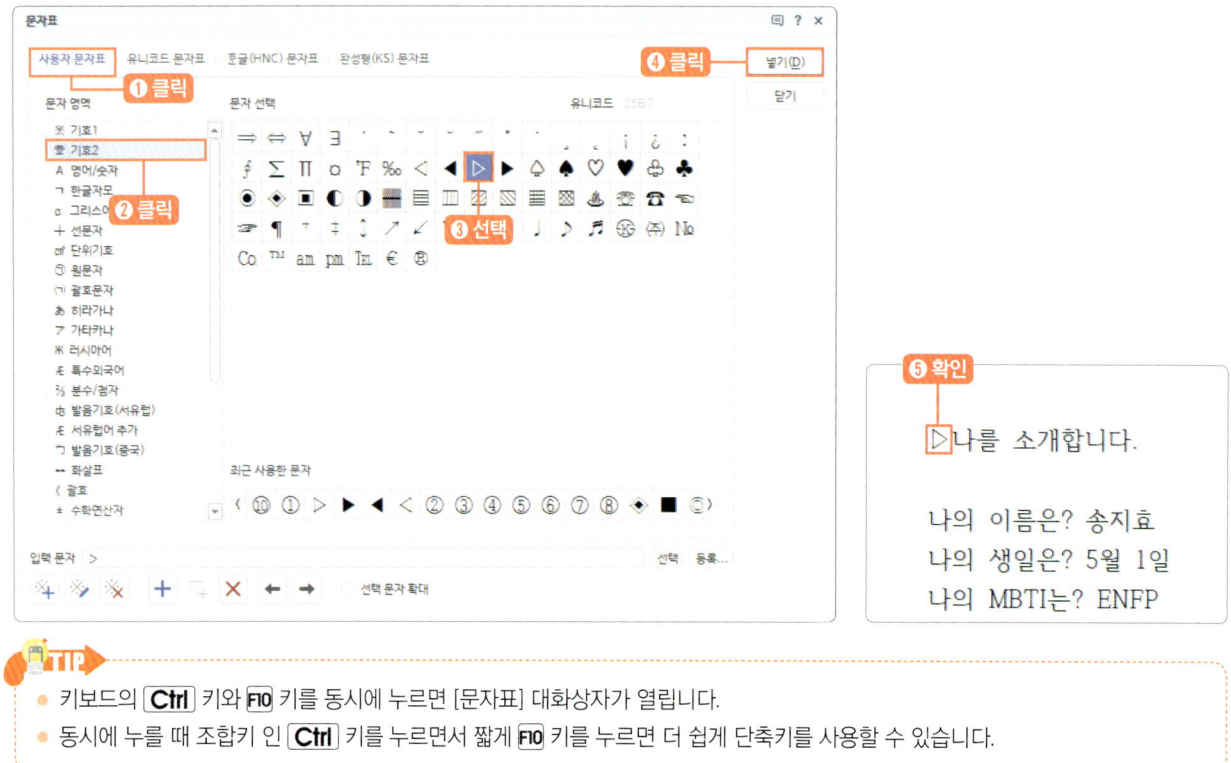

> **TIP**
> - 키보드의 Ctrl 키와 F10 키를 동시에 누르면 [문자표] 대화상자가 열립니다.
> - 동시에 누를 때 조합키 인 Ctrl 키를 누르면서 짧게 F10 키를 누르면 더 쉽게 단축키를 사용할 수 있습니다.

❺ [입력] 탭-[문자표]-[※ 문자표...] 선택한 다음 [문자표] 대화상자가 나오면 '▶▷' 문자를 마우스로 더블 클릭하면 하단 입력줄에 '▶▷'가 표시된 것을 확인합니다. 이어서, <넣기> 단추를 클릭하면 동시에 두 개의 문자가 문서에 표시되는 것을 확인 할 수 있습니다.

❻ 기본 사용 방법에 대해 배웠으니 스스로 문자표 대화상자를 열고 다음과 같이 특수문자를 넣고 문서를 완성하여 봅니다.

- ①~⑩까지의 문자는 [문자표]-[사용자 문자표] 탭-[원문자]에 있습니다.

2 문서 파일 저장하기

❶ 완성된 파일을 저장하기 위해 [파일]-[다른 이름으로 저장하기]를 선택합니다.

❷ [다른 이름으로 저장] 대화상자가 나오면 본인의 폴더를 선택한 후, 이름을 '나를 소개합니다'를 입력합니다. 이어서, <저장> 단추를 클릭합니다.

TIP

- **한글 파일 확장자가 hwpx로 되어있는 경우**
  [파일]-[다른 이름으로 저장하기]에서 확장자를 '.hwpx'에서 '.hwp'로 변경하기 위해서는 '파일 형식'을 클릭하고 '한글 문서 (*.hwp)'를 선택해야 한글 문서로 저장됩니다.

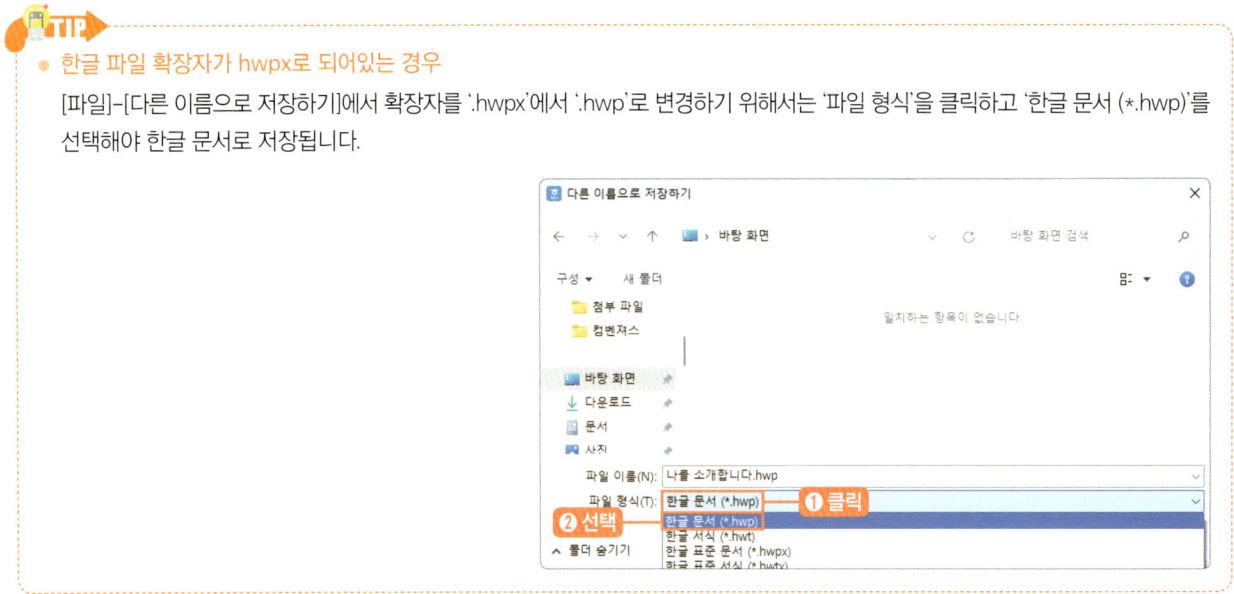

③ 윈도우의 [파일 탐색기]에서 본인의 폴더로 이동하여 저장된 '나를 소개합니다.hwp' 파일이 생겼는지 확인해 봅니다.

CHAPTER 01

1
- 불러올 파일 : 연습하기 01.hwp
- 완성된 파일 : 1장 연습하기 01(완성).hwp

문자표를 이용하여 좋아하는 색깔에 별점을 매겨봅니다. 좋아하는 색상을 더 추가해도 좋습니다.

```
◆ 내가 좋아하는 색깔 점수 ◆

빨간색  ★★★☆☆  6점
주황색  ★★★★★  10점
노란색  ★★★★☆  8점
초록색  ★★☆☆☆  4점
파란색  ★★★☆☆  6점
남  색  ★★★★★  10점
보라색  ★★☆☆☆  4점
```

2
- 불러올 파일 : 연습하기 02.hwp
- 완성된 파일 : 1장 연습하기 02(완성).hwp

키보드의 특수문자 및 문자표를 이용하여 MBTI의 4가지 선호 지표에 대한 설명을 다음과 같이 작성하여 봅니다.

```
◉ MBTI 4가지 선호 지표의 설명

☞ 에너지 방향 : E(외향) / I(내향)
  - 에너지의 방향성에 따라 외향과 내향을 나타내는 지표

☞ 인식 기능 : S(감각) / N(직관)
  - 정보 수집을 포함한 인식의 기능을 나타내는 지표

☞ 판단 기능 : T(사고) / F(감정)
  - 수집한 정보를 토대로 합리적으로 판단하고 결정을 내리는 지표

☞ 생활 양식 : J(판단) / P(인식)
  - 인식 기능과 판단 기능이 실생활에 적용되어 나타난 생활 양식을 보여 주는 지표
```

CHAPTER 02 우리 동네를 소개해요.

학습목표
- 이미 작성된 문서에 내용을 넣고, 편집하여 문서를 완성할 수 있습니다.
- 글자 모양과 정렬을 이용하여 문서를 꾸미고, 글머리 기호를 이용하여 번호를 넣을 수 있습니다.

■ 불러올 파일 : 우리 동네 소개.hwp   ■ 완성된 파일 : 우리 동네 소개(완성).hwp

완성작품 미리보기

오늘 배울 기능
글자 모양, 글머리 기호, 정렬

「 ☆ 우리 **동네**를 **소개**해요 ☆ 」

① 우리 **동네**의 이름은 (컴벤) (이)예요.
② (아소) 초등학교로 **공부**하러 가고,
③ **친구**를 만나고 싶을 때는 (학교)에 가면 만날 수 있어요.
④ 아플 때는 (컴벤져스) **병원**으로 가서 진료받고,
⑤ 약을 사러 (아카데미소프트) **약국**에 가요.
⑥ 우리 동네에서 제일 맛있는 **식당**은 (보안식당)이고,
⑦ **빵집**은 (바게트파리)가 최고예요.
⑧ 내가 제일 **좋아하는 곳**은 (단풍공원)이고,
⑨ 다른 동네 친구가 우리 **동네**에 놀러 온다면 (벚꽃 산책로)에 꼭 가라고 하고 싶어요.
⑩ 마지막으로 우리 **동네**는 (맛집과 멋있는 곳이 많은 동네예) 요!

스토리 소개

우리 동네를 소개하는 글을 작성해 보고, 특정 글자를 강조하도록 만들어 봅니다.
문서를 작성할 때 가장 중요한 것은 내용이지만, 가독성과 심미성을 주기 위해 글자 모양(크기, 색상, 글꼴), 정렬을 이용하는 것이 중요합니다.

1 글자 입력하기

❶ [파일]-[불러오기]-[불러올 파일]-[CHAPTER 02]-'우리 동네 소개.hwp'를 선택한 후, <열기> 단추를 클릭합니다.

❷ 괄호( ) 안에 우리 동네를 소개하는 단어나 문장을 입력합니다.

> 우리 동네를 소개해요
>
> 우리 동네의 이름은 (컴벤) (이)예요.
> (아소) 초등학교로 공부하러 가고,
> 친구를 만나고 싶을 때는 (학교) 에 가면 만날 수 있어요.
> 아플 때는 (컴벤져스) 병원으로 가서 진료받고,
> 약을 사러 (아카데미소프트) 약국에 가요.
> 우리 동네에서 제일 맛있는 식당은 (보안식당)이고,
> 빵집은 (바게트파리)가 최고예요.
> 내가 제일 좋아하는 곳은 (단풍공원)이고,
> 다른 동네 친구가 우리 동네에 놀러 온다면 (벚꽃 산책로)에 꼭 가라고 하고 싶어요.
> 마지막으로 우리 동네는 (맛집과 멋있는 곳이 많은 동네에) 요!

TIP
- 내용을 변경하여 우리 동네의 내용에 맞게 고쳐봅니다.

❸ [입력] 탭-[문자표]-[※ 문자표...]를 이용하여 다음과 같이 제목을 꾸며줍니다.

※ [문자표] 대화상자에서 [사용자 문자표] 탭-[기호1]의 문자를 사용

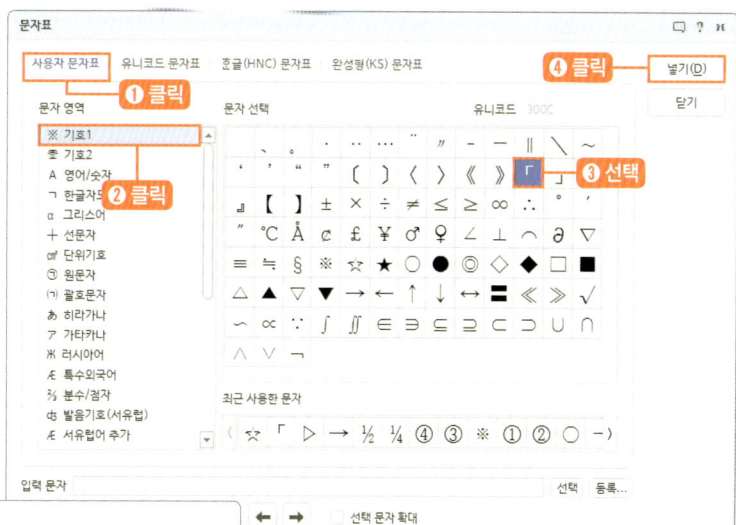

> 「☆ 우리 동네를 소개해요 ☆」
>
> 우리 동네의 이름은 (컴벤) (이)예요.
> (아소) 초등학교로 공부하러 가고,
> 친구를 만나고 싶을 때는 (학교) 에 가면 만날 수 있어요.
> 아플 때는 (컴벤져스) 병원으로 가서 진료받고,

2 글머리 기호 사용하기

① 글머리 기호는 문장 앞에 붙여주는 순서나 모양 기호를 이야기합니다. 문자표를 이용하여 만들 수도 있지만 한글 2020에서는 글머리 기호를 이용하여 숫자나 문자를 자동으로 입력할 수 있습니다. 다음과 같이 본문을 블록 지정합니다.

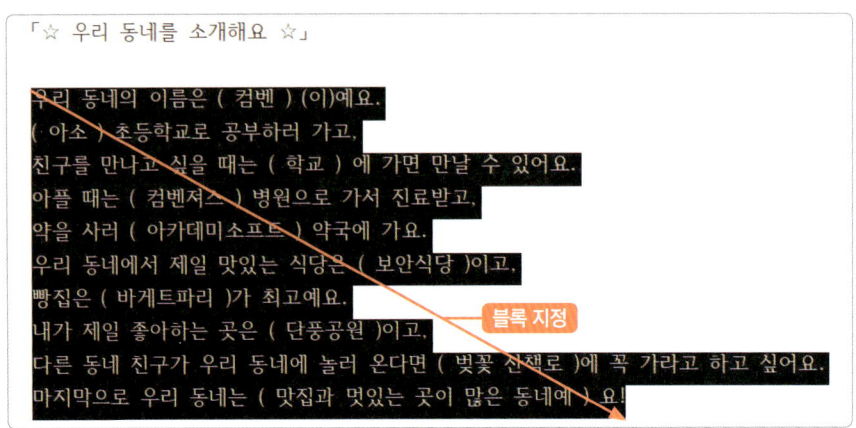

② [서식] 탭-[문단 번호]의 목록 단추(▼)를 클릭하고 위쪽 목록이 '①'로 시작하는 부분을 선택합니다.
- 본문을 블록 지정한 후, 마우스 오른쪽 단추를 클릭하여 [글머리표 및 문단 번호]를 선택해도 됩니다.

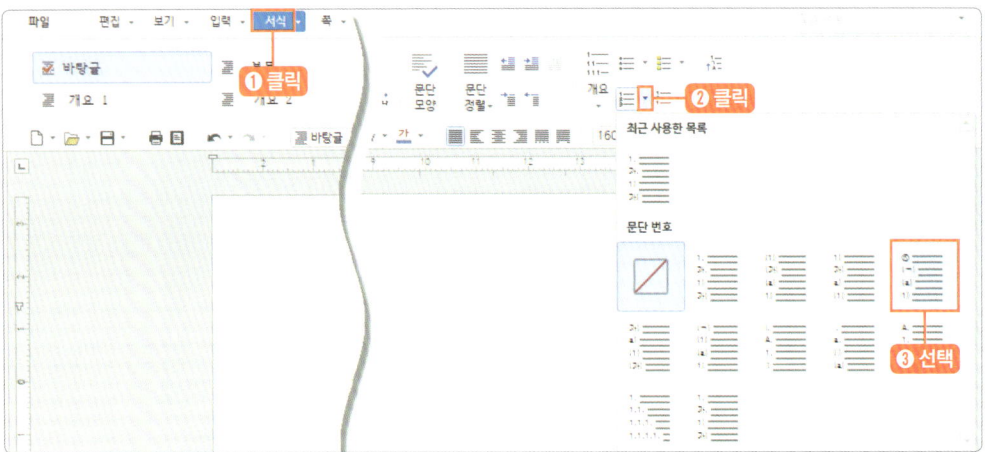

③ 글머리 기호의 문단 번호가 적용된 결과가 같은지 확인해 봅니다.

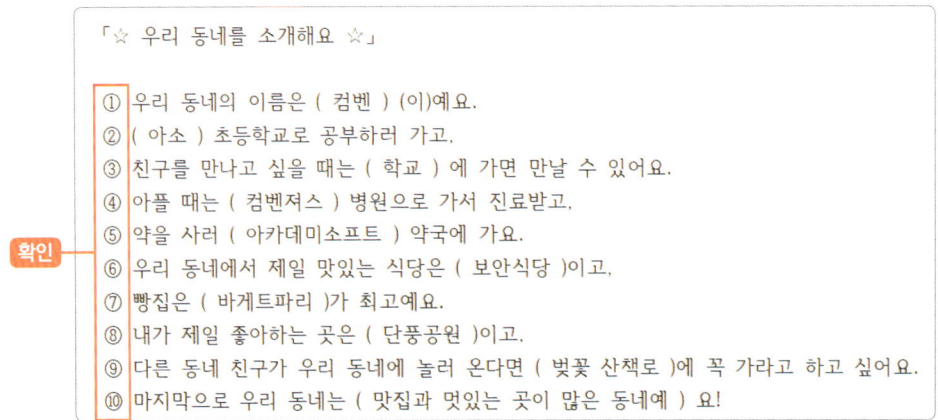

3 글자 모양 편집

❶ '「☆ 우리 동네를 소개해요 ☆」'을 블록 지정하고 [서식 도구 모음]에서 '함초롬바탕'을 'HY견고딕'으로 변경해줍니다. 글자 크기는 '20pt'로 변경하고, [서식 도구 모음]에서 '가운데 정렬'을 클릭합니다.

❷ '동네'를 블록 지정하고 [서식] 탭의 [글자 모양]을 클릭하면 [글자 모양] 대화상자가 나오면 글자 색상과 음영색을 변경할 수 있습니다. 또한, 글꼴과 글자의 크기도 변경할 수 있습니다. 글자 색(흰색), 음영 색(파란색)으로 각각 변경합니다.

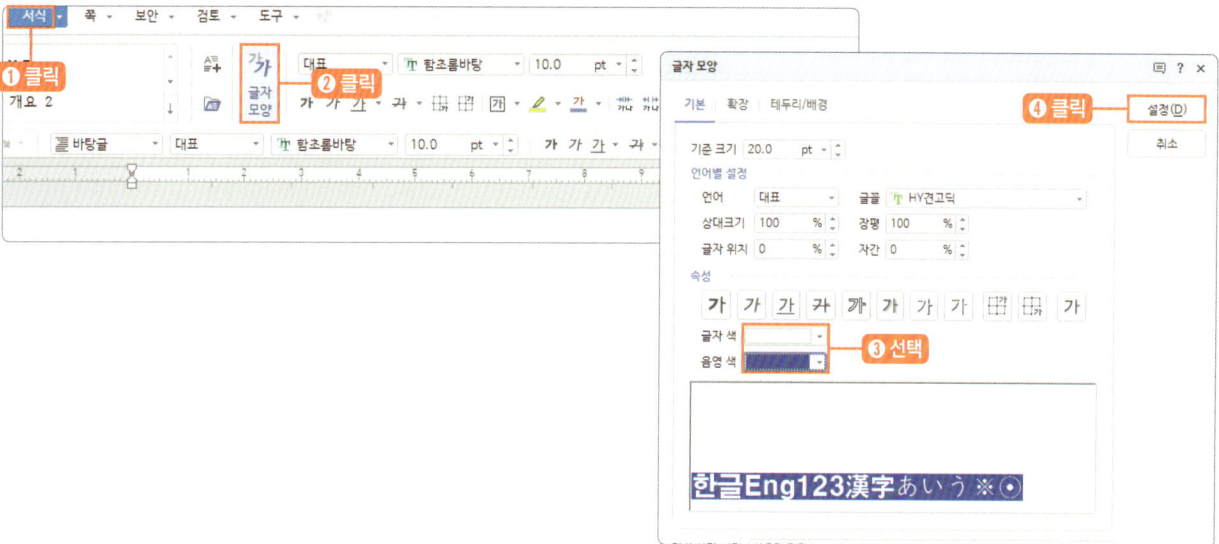

❸ '소개'를 블록 지정하고 글자 색(파란색)으로 변경합니다.

- 파란색이 보이지 않을 경우 '글자 색'의 목록 단추를 클릭한 후, '오피스'를 클릭하면 파란색을 사용할 수 있습니다.

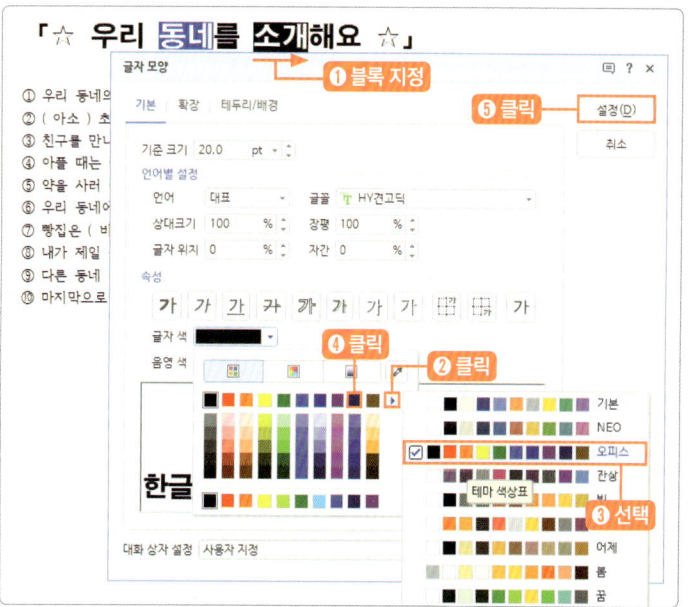

❹ ①에서 ⑩까지의 본문을 블록 지정 후 글꼴(맑은 고딕), 글자 크기(12pt)로 변경합니다.

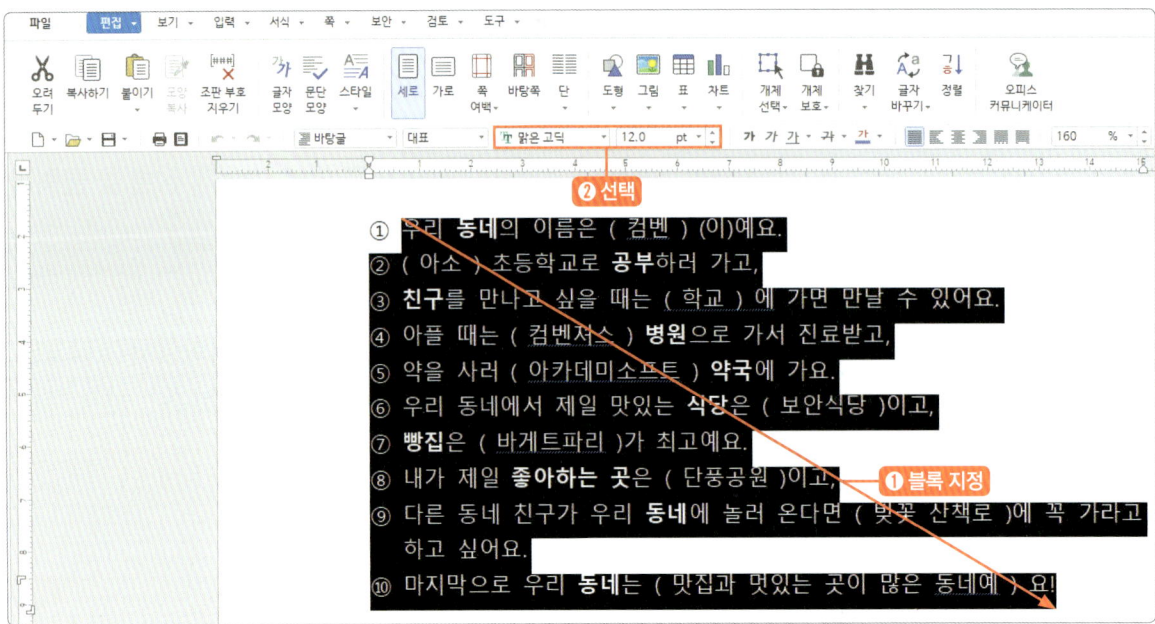

❺ [파일]-[다른 이름으로 저장하기]를 클릭하고 대화상자가 나오면 본인의 폴더를 선택한 후, 이름을 '우리 동네 소개(완성)'을 입력합니다. 이어서, <저장> 단추를 클릭합니다.

1

▪ 불러올 파일 : 연습하기 01.hwp   ▪ 완성된 파일 : 2장 연습하기 01(완성).hwp

문자표, 글자 모양, 글머리 기호, 정렬을 이용하여 우리 동네의 공공 기관 정보를 완성해 봅니다.

- 제목 : 글꼴(HY견고딕), 크기(20pt)
- 소제목 : 글꼴(HY헤드라인), 크기(14pt), 그림 글머리 표(글머리 기호)
- 본문 : 글꼴(함초롬바탕), 크기(10pt), 문단 번호 모양(글머리 기호)

```
※ 우리동네 공공기관 정보

▦ 경찰서
  1. 기관명 : 컴벤파출소
  2. 주소  : 컴벤14길41(컴동)
  3. 연락처 : 845-1254

▦ 소방서
  1. 기관명 : 컴벤소방서
  2. 주소  : 컴벤1길9(컴동)
  3. 연락처 : 846-5248

▦ 우체국
  1. 기관명 : 컴벤우체국
  2. 주소  : 져스5길22(져동)
  3. 연락처 : 850-1567
```

2

 ▪ 불러올 파일 : 연습하기 02.hwp   ▪ 완성된 파일 : 2장 연습하기 02(완성).hwp

제목의 글꼴(한컴 윤체M), 본문의 글꼴(한컴 바겐세일 B)로 설정하고 나머지는 자유롭게 변경하여 우리 학급 규칙 파일을 멋지게 완성해 봅니다.

```
        함께 지키면 모두가 행복한
        우리 학급 규칙

▷ 서로 존중하고, 자기 말과 행동에 책임져요.
▷ 싫어하는 행동이나 말을 학교 안이나 밖에서 하지 않아요.
▷ 등교 후 실내에서 조용히 활동해요.
▷ 실내화는 실내에서만 신어요.
▷ 휴대폰은 학교 내에서는 끄고, 필요시 선생님에게 허락을 구해요.
▷ 누군가 괴롭힘을 당하는 사실을 알게 되면, 선생님에게 이야기하
  고 그 친구를 도와요.
▷ SNS나 단톡방 등에서 학교폭력, 악성 댓글 등도 학교 규정과 법
  률에 의해 처벌 받아요.
```

CHAPTER 03 사자성어

학습목표
- 한글을 한자로 변환시키는 기능을 이용하여 한자를 입력해 봅니다.
- 문자표를 이용하여 각 한자를 꾸며보고, 한자의 뜻을 알아봅니다.

📁 불러올 파일 : 사자성어.hwp   📁 완성된 파일 : 사자성어(완성).hwp

완성작품 미리보기

오늘 배울 기능
한자 입력

◐ 초등학생 필수 사자성어 ◑

♤ **고진감래(苦盡甘來)**
고생과 괴로움을 다해 이룬 뒤에야 행복과 기쁨이 온다는 뜻으로, 어려운 시기를 견뎌낸 뒤에는 반드시 좋은 일이 찾아온다는 의미입니다.

♠ **구사일생(九死一生)**
아주 위험한 상황에서 가까스로 살아남았다는 뜻으로, 아슬아슬하게 사기를 면했거나 위기를 넘긴 경험을 가리킵니다.

♤ **과유불급(過猶不及)**
한 가지를 지나치게 함으로써 오히려 해가 된다는 뜻으로, 적당히 하지 않으면 오히려 역효과가 발생한다는 경고를 담고 있습니다.

♠ **다다익선(多多益善)**
많을수록 좋다는 뜻으로, 더 많이 얻을수록 더욱 좋다는 의미를 지닙니다.

스토리 소개

한자는 우리 한글 속에 존재하고 있어서 한글만 공부하게 되면 문장의 속뜻을 아는 데 어려움이 있을 수 있습니다. 그러므로 우리말에 담겨있는 한자를 읽고 그 뜻을 알기 위해 초등학생이 알아야 하는 필수 사자성어 10개에 대해 배워봅니다.

한자 기능 배우기

❶ 새 문서를 열고, 새 문서에 '고진감래'라고 입력하고 F9 키를 누릅니다. [한자로 바꾸기] 대화상자가 나오면 '고진감래'가 바로 '苦盡甘來'라는 한자로 보이는 것을 확인할 수 있습니다. 이어서, [입력 형식] 에서 '한글(漢字)' 옵션을 선택하고 <바꾸기> 단추를 누르면 '고진감래(苦盡甘來)'라고 결과가 나옵니다.

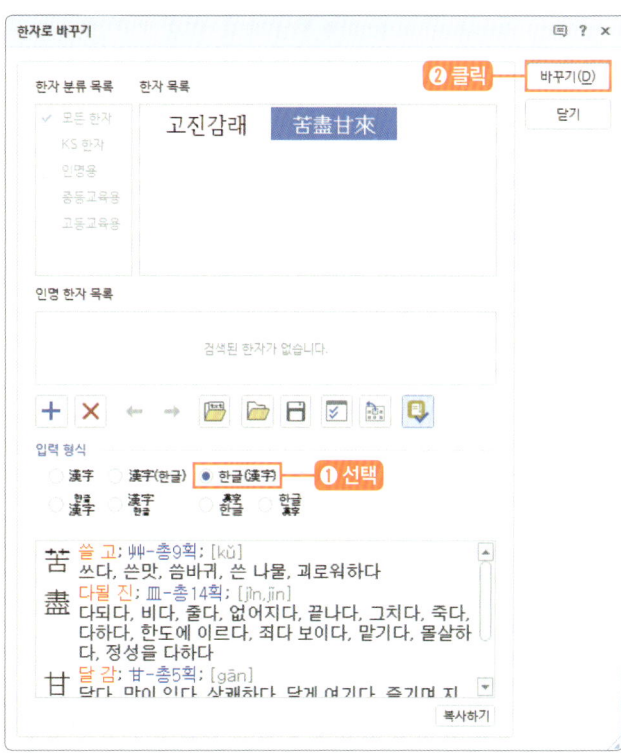

❷ 이번에는 '함흥차사'를 입력하고 키보드의 한자 키를 누르면 [한자로 바꾸기] 대화상자가 나오는 것을 확인할 수 있습니다. 이어서, [입력 형식]에서 '漢字' 옵션을 선택하고 <바꾸기> 단추를 누르면 한자만 나타나는 것을 확인할 수 있습니다.

※ 한자로 변환한 뒤에 한자 키 또는 F9 키를 누르면 다시 한글로 변환됩니다.

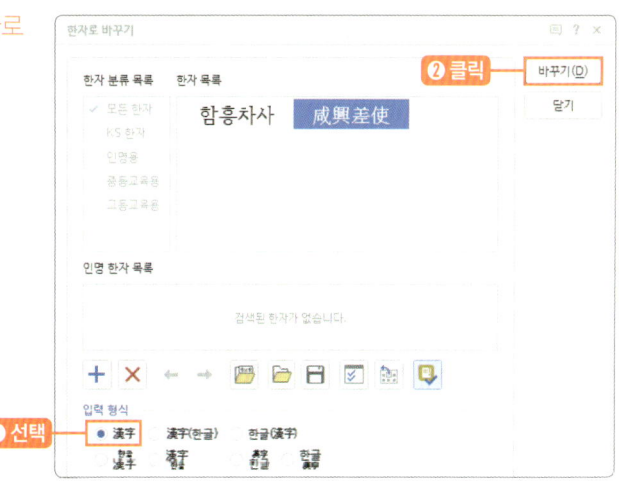

본문 한자 바꾸기 및 저장하기

❶ [파일]-[불러오기]-[불러올 파일]-[CHAPTER 03]-'사자성어.hwp'를 선택한 후, <열기> 단추를 클릭합니다.

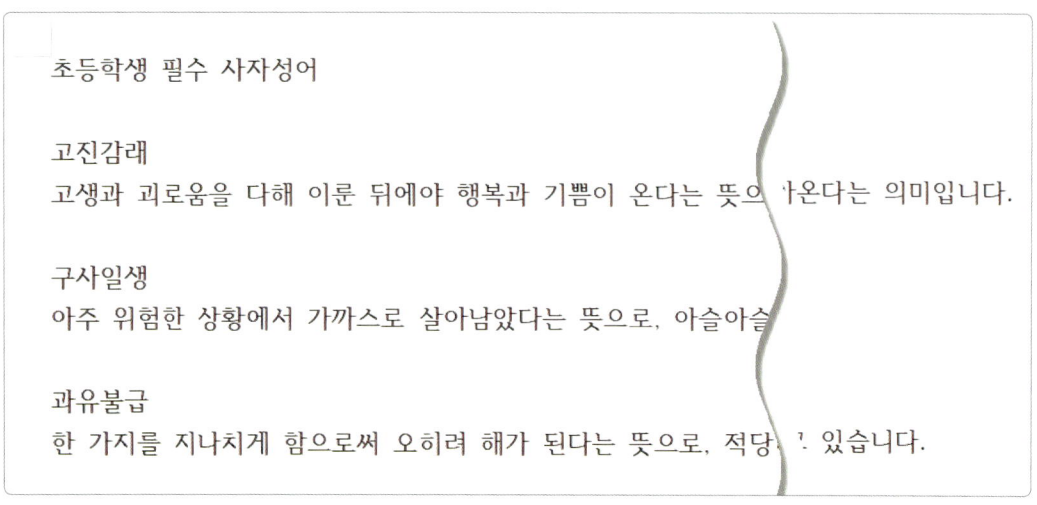

❷ '고진감래' 뒤에 커서를 놓고 한자 키를 눌러 한글로 된 사자성어를 한자로 변환합니다. [입력 형식]은 '한글(漢字)' 옵션을 선택하고 <바꾸기> 단추를 클릭합니다.

❸ 다음 사자성어인 '구사일생'부터 '함흥차사'까지 한자로 변환합니다. 자주 사용하고 유명한 사자성어만으로 예제를 구성해 놓아 한 번에 한자가 변환되는 것을 확인할 수 있습니다.

```
초등학생 필수 사자성어

고진감래(苦盡甘來)
고생과 괴로움을 다해 이룬 뒤에야 행복과 기쁨

구사일생(九死一生)
아주 위험한 상황에서 가까스로 살아남았다는 뜻

과유불급(過猶不及)
한 가지를 지나치게 함으로써 오히려 해가 된다는

다다익선(多多益善)
많을수록 좋다는 뜻으로, 더 많이 얻을수록 더욱
```

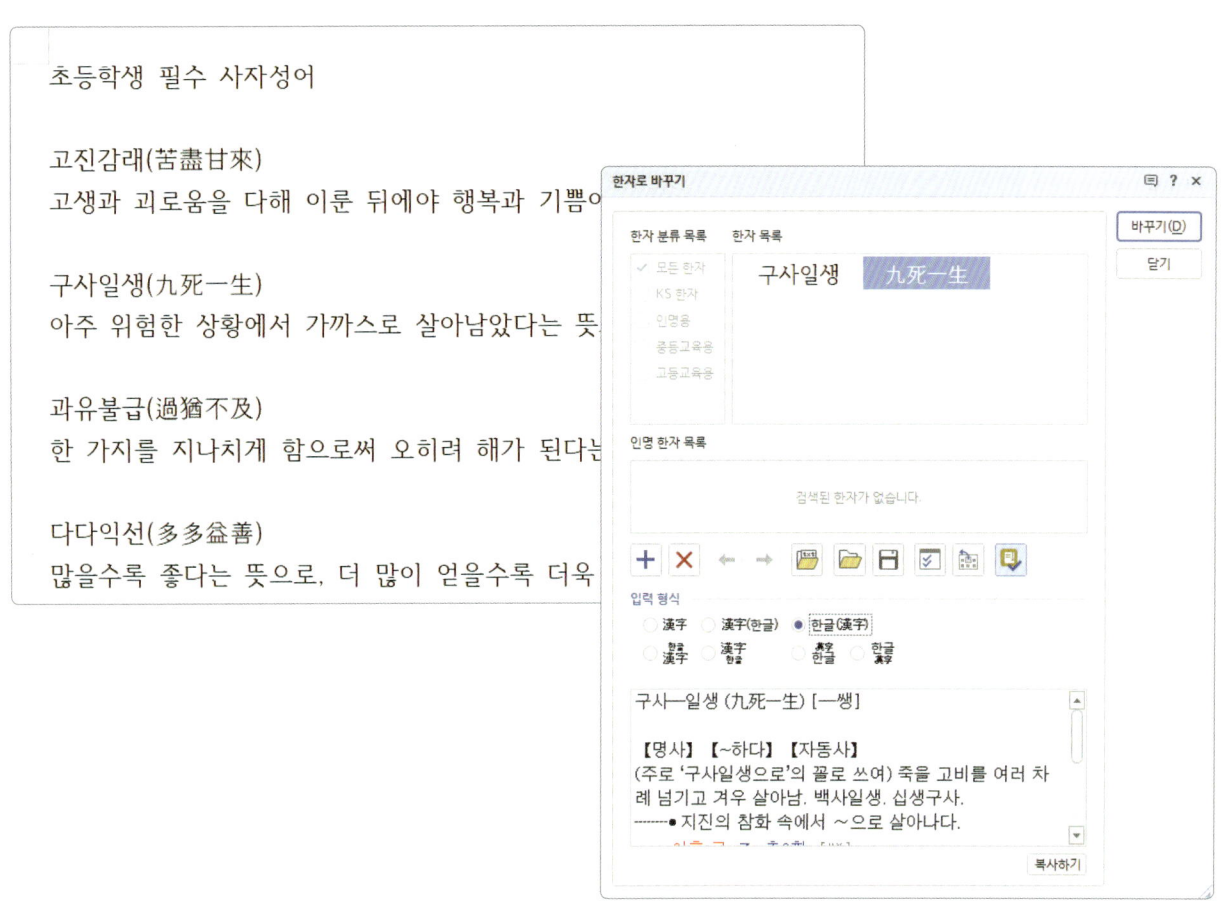

TIP
- 한 번에 한자로 변환되지 않는 경우 [입력 형식]에서 '漢字' 옵션을 선택하여 괄호 부분의 글자를 하나씩 변환해 봅니다.

CHAPTER 03_ 사자성어 • **021**

❹ 한자 변환이 끝났다면 제목을 꾸며줍니다. 제목의 맨 앞을 클릭하고 단축키를 이용하여 문자표를 열어봅니다. 이어서, [문자표] 대화상자에서 [사용자 문자표] 탭-[기호2]를 선택하여 '◐' 문자를 선택한 후, <넣기> 단추를 클릭합니다.

- 문자표 단축키 : Ctrl + F10 키

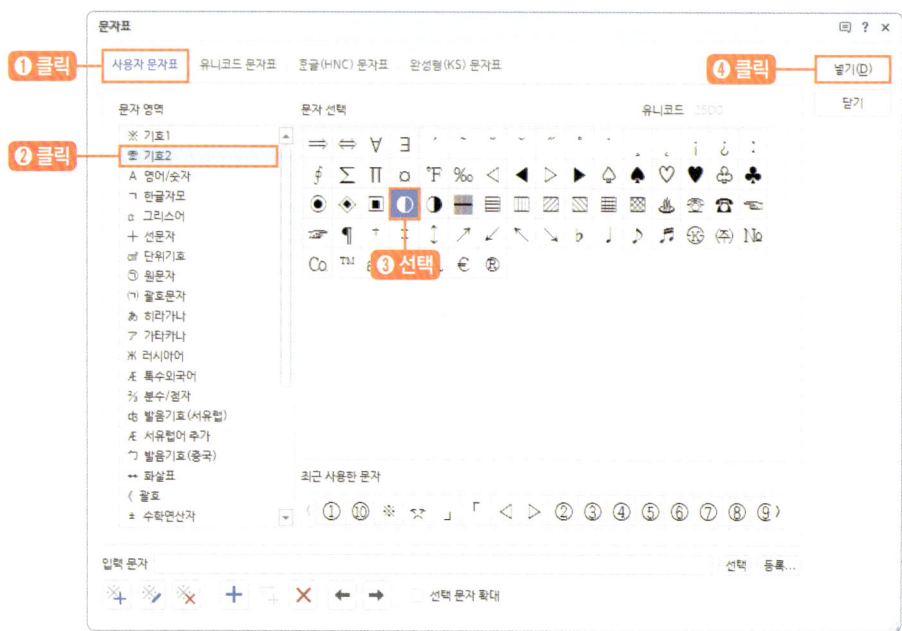

❺ 제목의 뒷 부분을 클릭하고 '◐' 문자를 입력합니다. 나머지 사자성어 앞에도 자유롭게 문자를 넣어봅니다. 이어서, 제목의 글꼴(궁서), 글자 크기(20pt), 본문의 글꼴(궁서), 글자 크기(10pt)로 변경합니다.

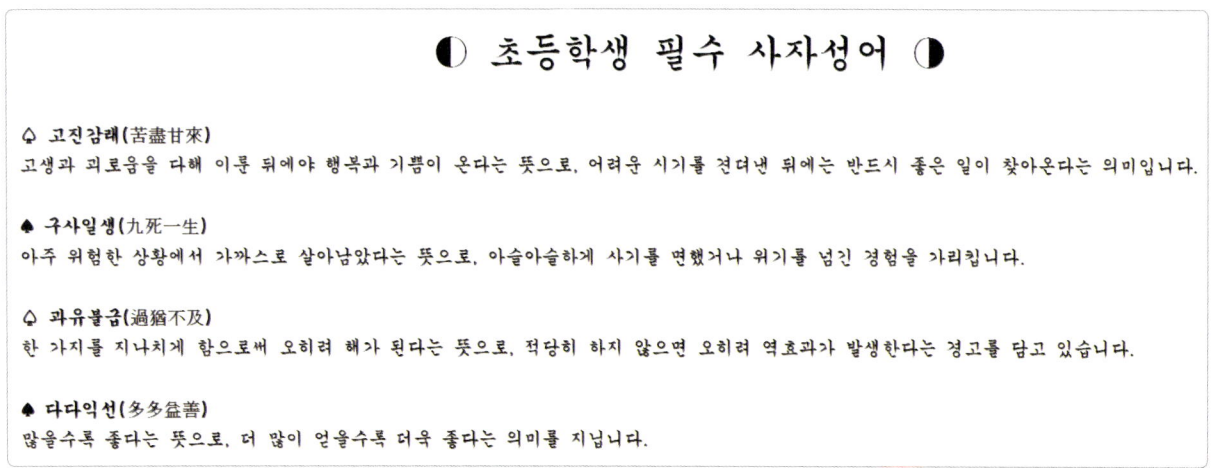

❻ [파일]-[다른 이름으로 저장하기]를 클릭하고 대화상자가 나오면 본인의 폴더를 선택한 후, 이름을 '사자성어(완성)'을 입력합니다. 이어서, <저장> 단추를 클릭합니다.

CHAPTER 03

1

📁 불러올 파일 : 연습하기 01.hwp   📁 완성된 파일 : 3장 연습하기 01(완성).hwp

가훈을 적어보고 한자로 변경한 뒤 제목의 글꼴(MD아트체), 글자 크기(24pt)로 변경하고 본문의 글꼴(궁서), 글자 크기(15pt)로 변경해 봅니다.

가훈(家訓) 추천

진인사대천명(盡人事待天命)
 - 사람으로서의 할 도리를 다하고 천명을 기다려라
무실역행(務實力行)
 - 거짓 없는 진실에 힘쓰고, 옳은 일을 힘써 실행하자
명경지수(明鏡止水)
 - 맑고 깨끗한 마음을 가져라
온고지신(溫故知新)
 - 옛 것을 익히고 그것을 미루어서 새 것을 알라
결초보은(結草報恩)
 - 죽어서도 잊지 않고 은혜를 갚는다
공수래공수거(空手來空手去)
 - 태어나서 빈손으로 왔다가 빈손으로 돌아간다
대기만성(大器晩成)
 - 큰일이나 큰 인물은 쉽게 이루어지는 것이 아니라 각고의 노력 끝에 이루어진다
동심협력(同心協力)
 - 마음을 합하여 힘을 하나로 하여라
대지원망(大志遠望)
 - 뜻은 크게 가지고 희망은 원대하게 다스려라
눌언민행(訥言敏行)
 - 말은 조심하고 행동은 바르게 하는 것

2

📁 불러올 파일 : 연습하기 02.hwp   📁 완성된 파일 : 3장 연습하기 02(완성).hwp

우리말 속의 어원을 한자로 바꿔보고 뜻을 써봅니다. 본문은 글꼴(돋움), 글자 크기(12pt)로 작성합니다.

우리가 사용하는 단어의 '어원(語原)' 알아보기

* 어원 : 어떤 단어의 근원적인 형태. 또는 어떤 말이 생겨난 근원

사랑(愛) - 사랑 '애'

교육(教育) - 가르침 '교', 기를 '육'

문화(文化) - 글월 '문', 될 '화'

사회(社會) - 토지의 신 '사', 모일 '회'

역사(歷史) - 지낼 '역', 역사 '사'

예술(藝術) - 심을 '예', 꾀 '술'

CHAPTER 04 우리 지역 구석구석

학습목표
- 우리 지역에 있는 곳을 글맵시와 그림, 그리기 마당을 이용하여 소개해 봅니다.
- 예제 이미지를 잘라 필요한 부분을 사용해 봅니다.

■ 불러올 파일 : 우리 지역 구석구석.hwp   ■ 완성된 파일 : 우리 지역 구석구석(완성).hwp

완성작품 미리보기

오늘 배울 기능
글맵시, 그림(편집), 그리기 마당

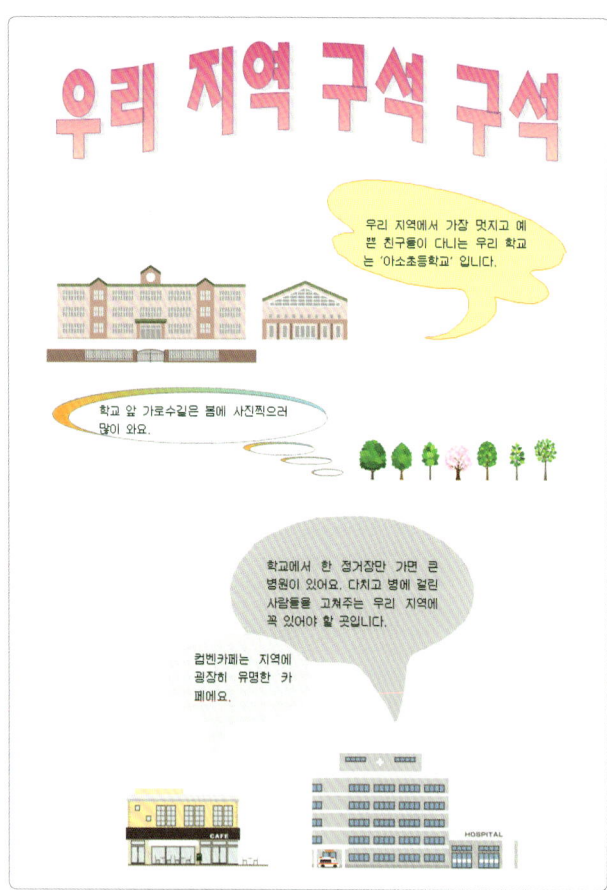

스토리 소개

소개하고 싶은 우리 지역의 기관이나 장소를 소개해 봅니다.

1 글맵시 사용하기

❶ [파일]-[불러오기]-[불러올 파일]-[CHAPTER 04]-'우리 지역 구석구석.hwp'를 선택한 후, <열기> 단추를 클릭합니다.

※ 여백만 설정되어 있는 빈 문서입니다.

❷ 문서가 열리면 [입력] 탭-[글맵시]의 목록 단추(▼)를 클릭하고 '채우기 – 연분홍색 그러데이션, 연회색 그림자, 물결 4 모양'을 선택합니다.

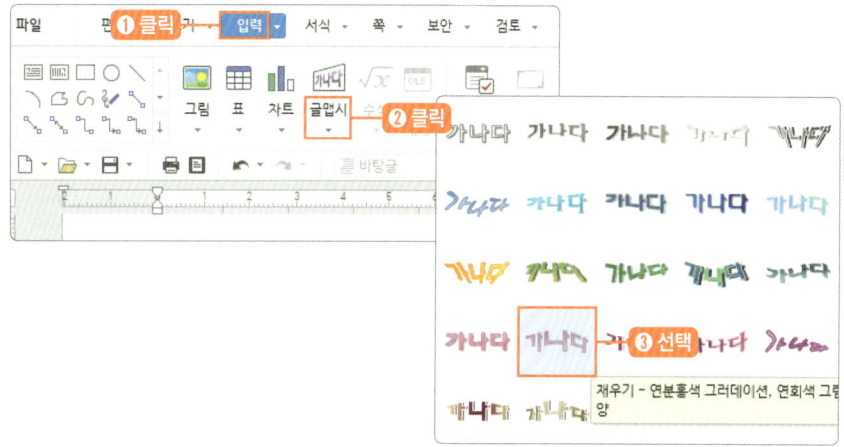

❸ [글맵시 만들기] 대화상자가 나오면 '우리 지역 구석구석'을 입력하고 <설정> 단추를 클릭합니다.

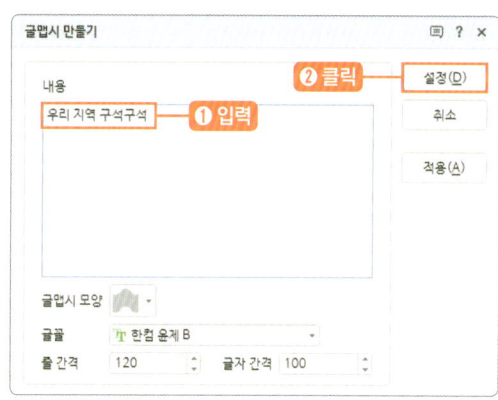

❹ 입력된 글맵시에서 마우스 오른쪽 단추를 클릭 후, [개체 속성]을 클릭합니다.

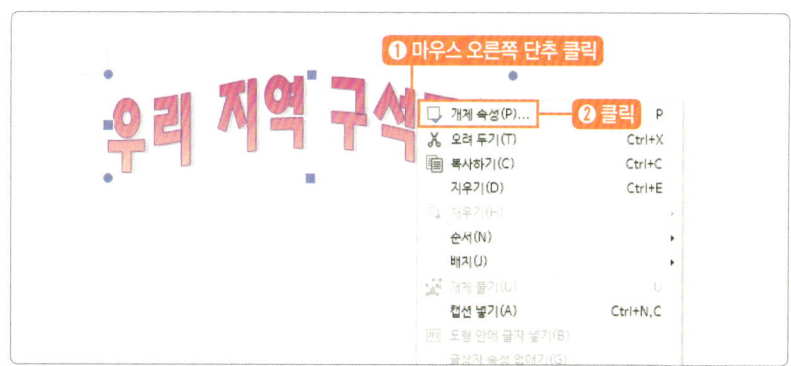

❺ [개체 속성] 대화상자에서 [기본] 탭-[크기]에서 너비(160mm), 높이(40mm)로 설정합니다. 이어서, [위치]의 '글자처럼 취급'을 체크하고 <설정> 단추를 클릭합니다.

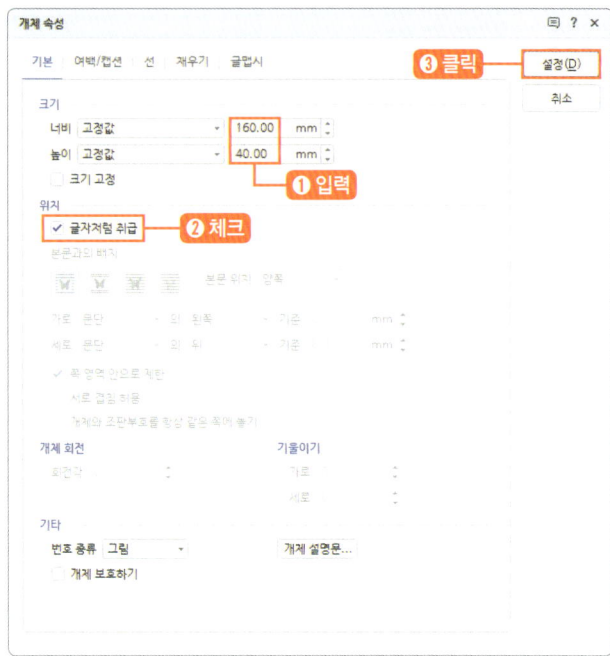

❻ 글맵시의 오른쪽을 클릭하고 [서식 도구 상자]에서 '가운데 정렬'을 클릭합니다.

2 그림 배치하고 편집하기

❶ 그림을 배치하기 위해 [입력] 탭의 [그림(🖼)]을 선택한 다음 '우리 동네.jpg' 파일을 불러옵니다.

❷ 필요한 그림만 잘라서 사용하기 위해서 그림을 클릭한 후, [그림] 탭의 [자르기]를 클릭합니다. 이어서, 각 모서리에 검은 테두리를 드래그하면 그림이 잘리는 것을 확인할 수 있습니다.

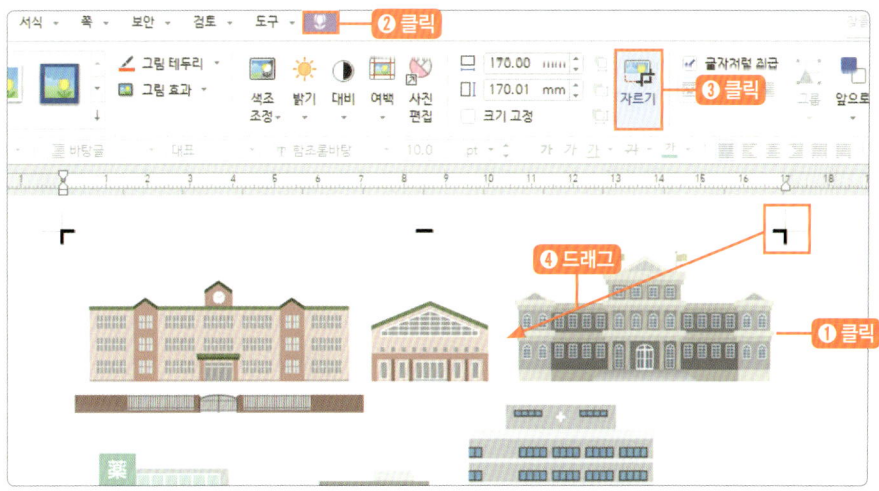

❸ 같은 방법으로 사용하고자 하는 그림 '우리동네.jpg' 파일을 불러와 그림을 자르고 배치합니다. 각 그림을 적당한 크기로 배치하기 위해서 [그림] 탭의 '글 앞으로'를 선택하여 본문과의 배치를 바꿔줍니다.

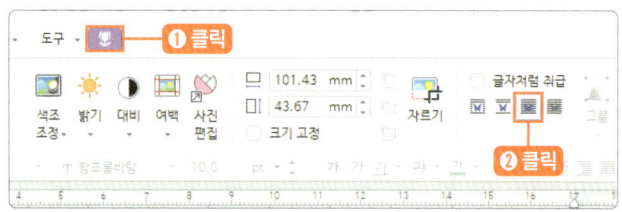

3 그리기 마당

❶ 말풍선을 멋지게 넣기 위해 [입력]-[그림]-[그리기 마당]을 클릭합니다.

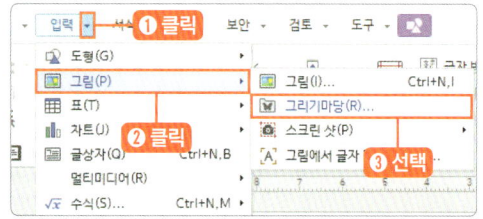

❷ [그리기마당] 대화상자가 나오면 [그리기 조각] 탭-[설명 상자(장식)]을 선택하고 원하는 말풍선을 선택한 후, <넣기> 단추를 클릭합니다.

❸ 개체의 내용을 수정하기 위해 '여기를 마우스로 누르고 내용을 입력하세요'라고 쓰여 있는 누름틀을 선택하면 글자를 입력할 수 있습니다.

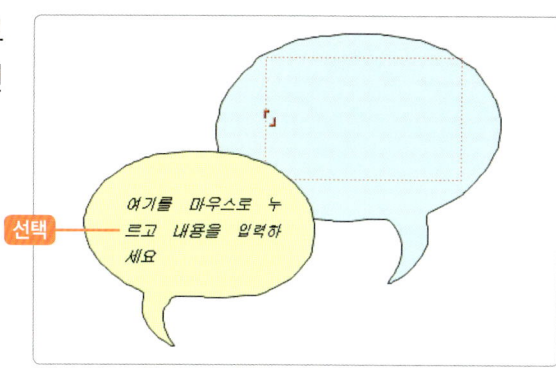

❹ 본인이 원하는 그림에 설명을 넣어 문서를 완성합니다.

❺ [파일]-[다른 이름으로 저장하기]를 클릭하고 대화상자가 나오면 본인의 폴더를 선택한 후, 이름을 '우리 지역 구석구석'을 입력합니다. 이어서, <저장> 단추를 클릭합니다.

> **TIP**
>
> ● 그리기 마당 '클립아트' 추가하기
>
>   [그리기 마당] 대화상자에서 <클립아트 다운로드> 단추를 클릭하면 한컴에서 제공하는 새로운 클립아트를 추가할 수 있습니다.
>
>

[한컴 에셋]이라는 대화상자가 나오면 [클립아트] 탭과 [그리기 조각] 탭으로 나누어지고 검색 창에 검색한 후, [내려받기]를 하게 되면 [그리기 마당] 대화상자의 [내려받은 그리기 마당] 탭에 개체가 나타나는 것을 볼 수 있습니다.

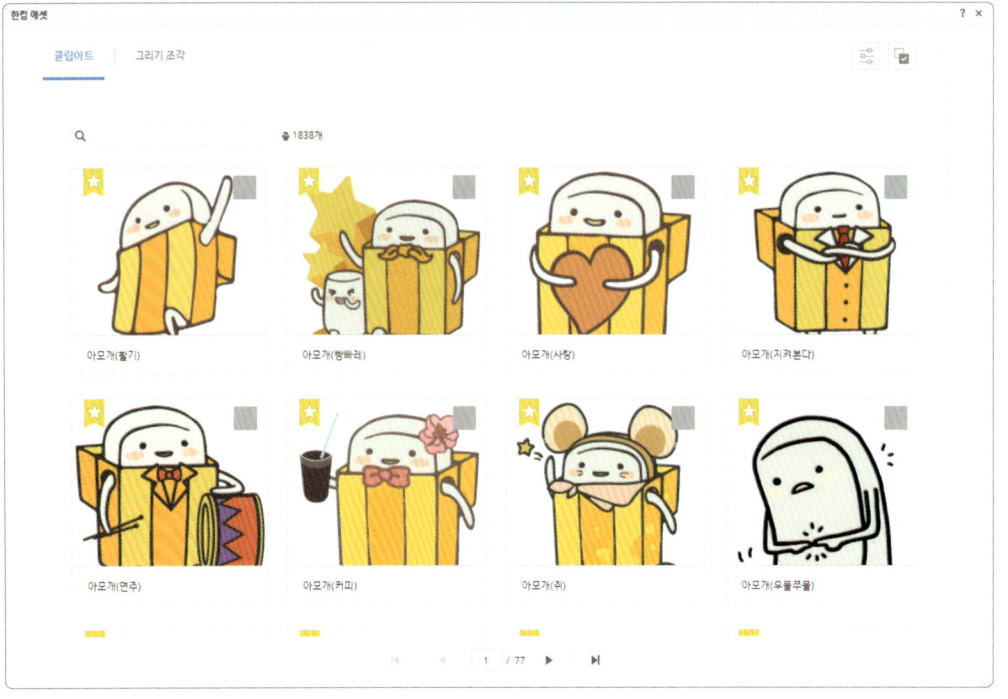

CHAPTER 04

 ■ 불러올 파일 : 연습하기 01.hwp ■ 완성된 파일 : 4장 연습하기 01(완성).hwp

글맵시와 글자 모양, 정렬, 그림(편집)을 이용하여 공원 포스터를 완성해 봅니다.

- **글맵시** : 글꼴(HY헤드라인M), 색상(바다색)
  글맵시 모양(갈매기형수장)
- **정렬** : 가운데 정렬
- **그림 편집** : 그림 스타일(회색 아래쪽 그림자)
- **본문** : 글꼴(HY나무B)

 ■ 불러올 파일 : 연습하기 02.hwp ■ 완성된 파일 : 4장 연습하기 02(완성).hwp

그리기 상자와 글자 모양, 정렬, 그림(편집)을 이용하여 공원 포스터를 완성해 봅니다.

- **그리기 마당** : 글꼴(HY나무B)
  강조 색상(파랑)
- **정렬** : 가운데 정렬
- **그림 편집** : [그림 속성]-[그림 효과]-
  [옅은 테두리]-[20pt]
- **본문** : 글꼴(한컴 백제 B)

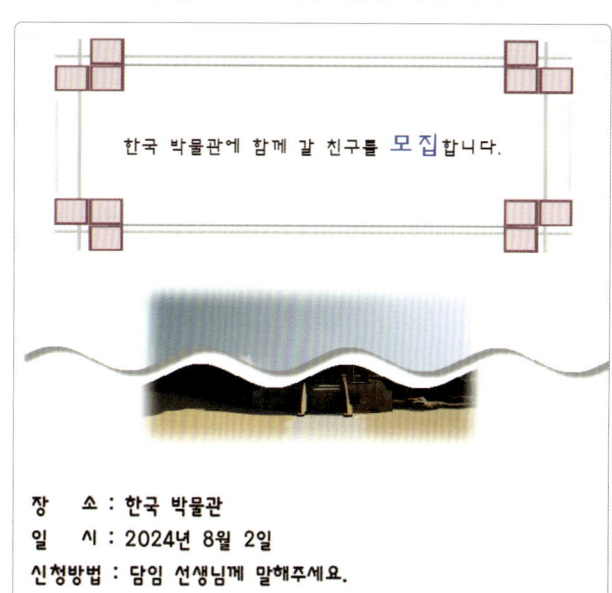

CHAPTER 05 나의 하루

학습목표
- 우리 동네 지도를 찾아 스크린 캡처하여 한글 파일에 넣을 수 있습니다.
- 도형, 글상자, 그리기 마당을 이용하여 문서를 꾸미고 표현할 수 있습니다.

■ 불러올 파일 : 나의 하루.hwp   ■ 완성된 파일 : 나의 하루(완성).hwp

완성작품 미리보기

{ 오늘 배울 기능 }
스크린 캡처 삽입, 도형, 글상자, 그리기 마당

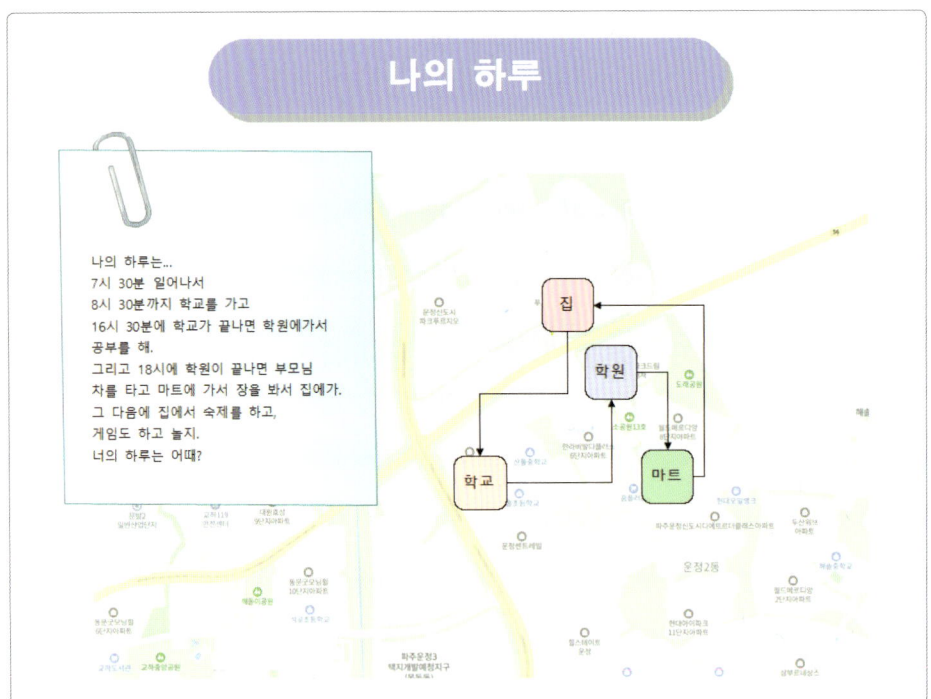

스토리 소개

우리 동네 지도를 윈도우에 있는 캡처 기능을 이용하여 스크린 캡처한 뒤 한글 문서에 넣어보고, 그 사진 위에 다양한 도형으로 나의 하루 동선을 기록해 봅니다.
동선의 분류에 따라 색상 및 도형 모양을 바꿔봅니다. 지도 사진을 캡처하기 어려우면 예제 폴더에서 '지도.jpg' 이미지를 가져와 사용합니다.

1 지도 넣기

① 지도를 넣기 위해 크롬 또는 엣지를 이용하여 네이버(https://naver.com) 홈페이지에서 [지도]를 클릭합니다.

② 자신의 동네를 검색한 뒤 지도를 캡처해 봅니다. 지도를 캡처하기 위해 윈도우 [시작 단추] 또는 작업 표시줄의 [검색] 기능을 이용하여 '캡처'를 입력한 뒤 <캡처 도구>를 클릭합니다.

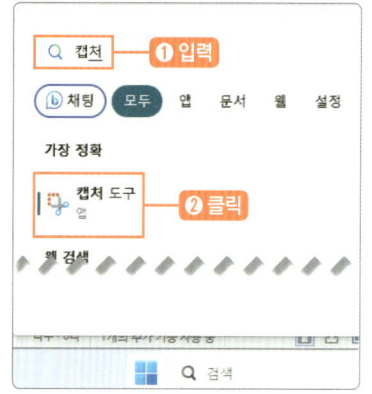

③ [캡처 도구]-[새 캡처]를 클릭한 후, '지도 화면'을 캡처하고 <다른 이름으로 저장> 단추를 클릭하여 본인 폴더에 '지도.jpg'로 저장합니다.

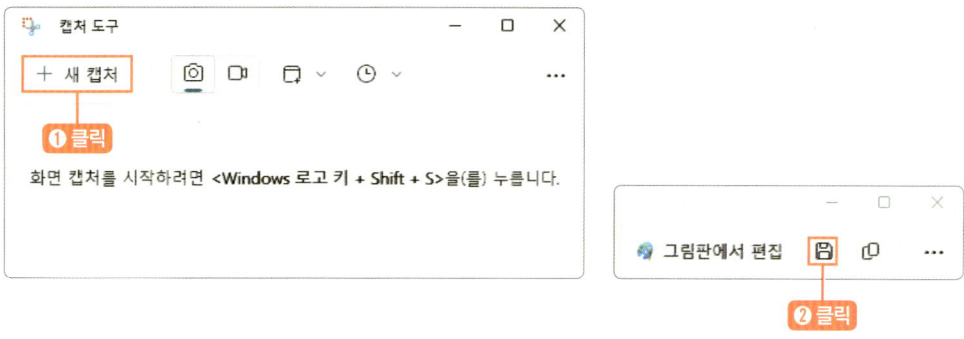

2 그림 삽입 및 설정

❶ [파일]-[불러오기]-[불러올 파일]-[CHAPTER 05]-'나의 하루.hwp'를 선택한 후, <열기> 단추를 클릭합니다.

❷ [입력] 탭-[그림] 기능을 이용하여 본인 폴더에 저장한 '지도.jpg'를 문서에 삽입합니다. 이어서, 그림에서 마우스 오른쪽 단추를 누르고 [개체 속성]을 클릭한 다음 [본문과의 배치]를 '글 뒤로'로 선택하고 <설정> 단추를 클릭합니다.
   ※ [불러올 파일]에는 본문 예제와 같은 지도는 미리 준비되어 있습니다.

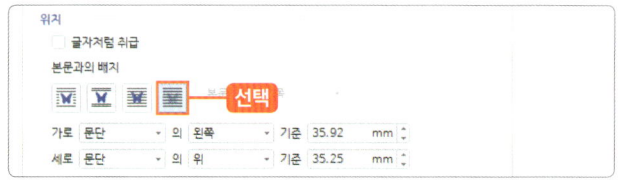

❸ 위치 및 크기는 용지 사이즈에 맞춰서 배치합니다.

3 도형 및 글상자 삽입

❶ [입력] 탭의 '가로 글상자'를 선택한 후, 본문에 글상자를 만들어 줍니다.

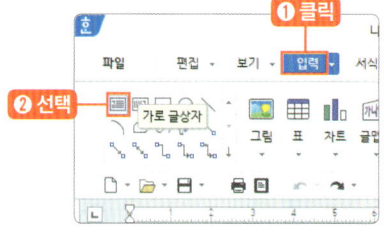

❷ '나의 하루'라고 입력한 뒤 [글상자] 테두리를 더블클릭하여 [개체 속성]을 실행합니다. 이어서, 다음과 같이 개체 속성을 지정합니다.
   - **기본** : 너비(140mm), 높이(20mm), 위치(글자처럼 취급)
   - **선** : 선(없음), 사각형 모서리 곡률(반원)

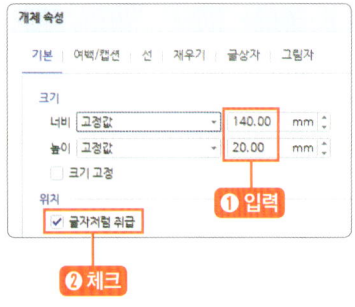
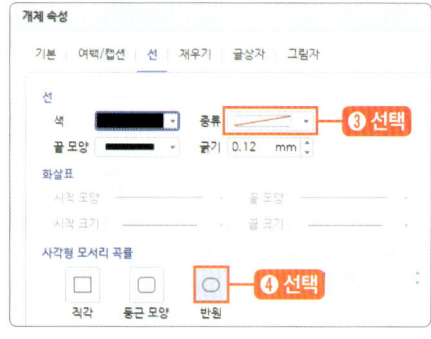

- **채우기** : 면 색(남색 60% 더 밝게)
- **그림자** : 종류(오른쪽 아래)

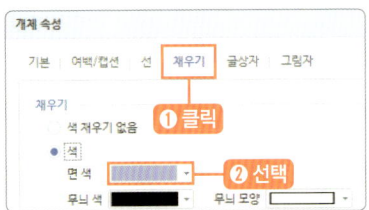 

❸ 글상자 안에 있는 글꼴(HY견고딕), 크기(26pt), 글꼴 색(흰색), '가운데 정렬'을 지정합니다.

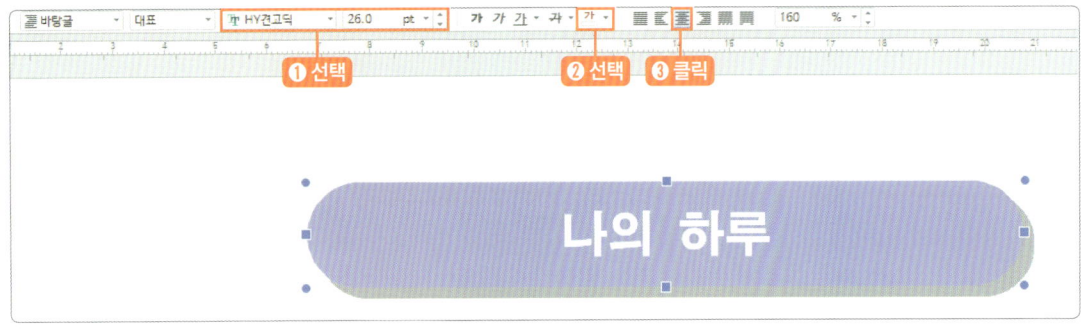

4 도형 삽입 및 글자 넣기

❶ [사각형] 도형을 이용하여 지도 위에 나의 하루에 대한 동선을 그려봅니다. 이어서, 도형 위치는 '글 앞으로'를 선택하고 도형을 선택한 뒤 마우스 오른쪽 단추를 클릭한 후, [도형 안에 글자 넣기]를 선택합니다.

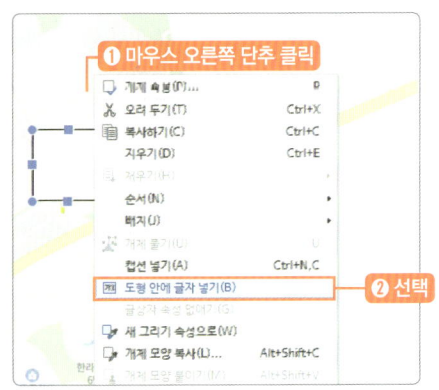

❷ 각 도형의 동선에 맞는 글을 입력하고 색상 및 도형 모양을 변경해 봅니다.

❸ [입력] 탭의 '꺾인 화살표 연결선'을 이용하여 각 도형을 연결할 수 있습니다. 동선의 순서는 연결선을 이용하여 표현해 봅니다.

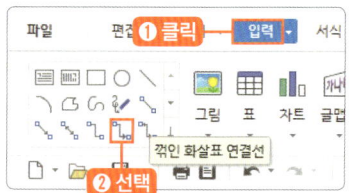

❹ 연결선을 선택하고 도형에 마우스를 가져다 대면, 그림처럼 빨간 점이 나타나고, 드래그해서 다른 도형과 연결 할 수 있습니다.

 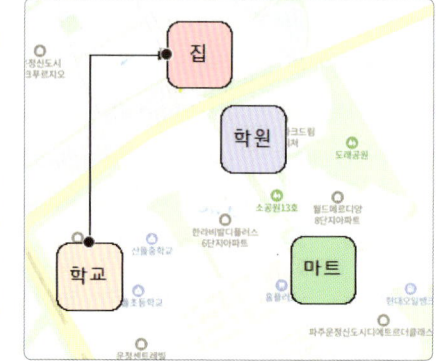

❺ 마지막으로 클립 이미지에 글상자 설명을 넣어 문서를 완성 후, 본인 폴더에 '오늘 하루'라고 저장해 봅니다.

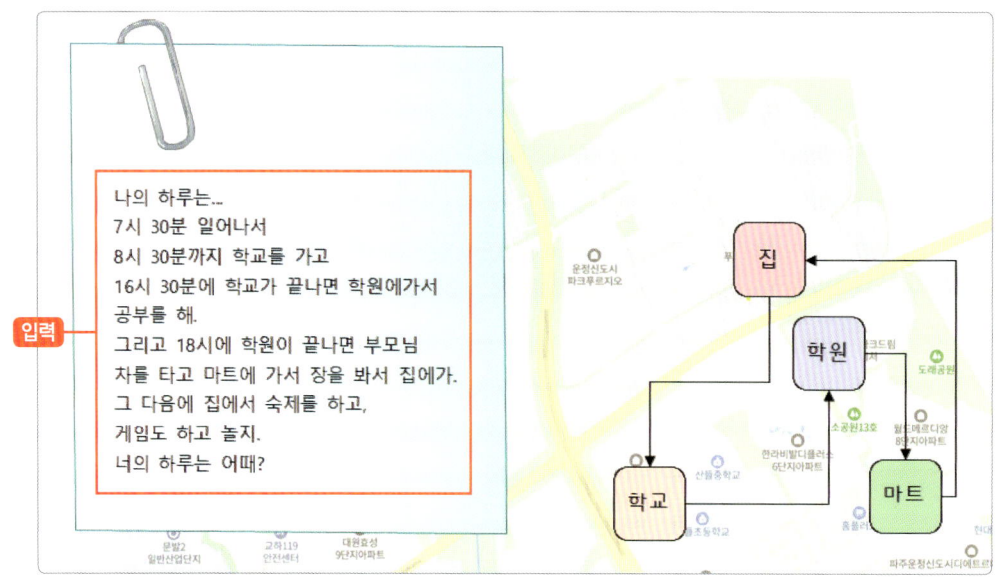

■ 불러올 파일 : 연습하기 01.hwp   ■ 완성된 파일 : 5장 연습하기 01(완성).hwp

달력 사진을 인터넷에서 검색하여, 한글 파일에 삽입한 후, 도형, 글상자, 그리기 마당을 이용하여 예제 사진과 같이 꾸며서 문서를 완성해 봅니다.

■ 불러올 파일 : 연습하기 02.hwp   ■ 완성된 파일 : 5장 연습하기 02(완성).hwp

도형, 글상자, 그리기 마당을 이용하여 예제 사진과 같이 꾸며서 문서를 완성해 봅니다. 다양한 공약을 사용해도 좋습니다. 회장 사진은 개인 사진이 없으면 예제 폴더에 있는 '회장사진.jpg'를 사용합니다.

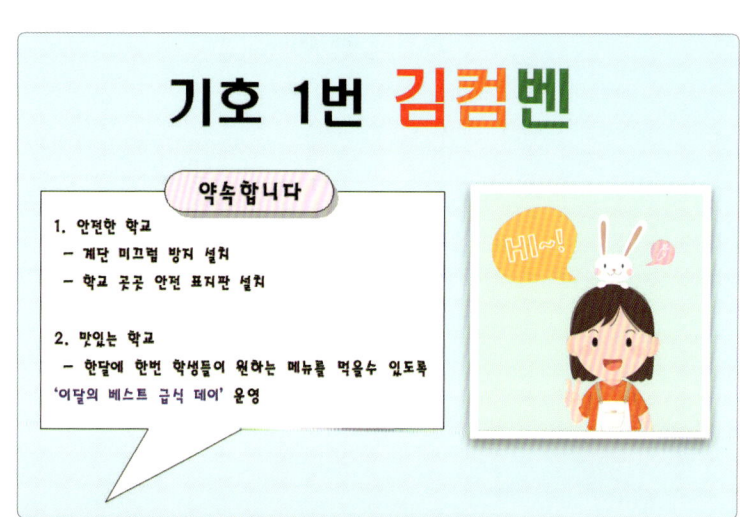

CHAPTER 06 우리 지역 직업 사전

학습목표
- 글맵시와 그림을 이용하여 우리 지역의 직업 사전을 만들어 봅니다.
- 직업 사전에는 그림, 직업 이름, 하는 일을 적어 정리해 봅니다.

📁 불러올 파일 : 직업 사전.hwp   📁 완성된 파일 : 직업 사전(완성).hwp

완성작품 미리보기

오늘 배울 기능
글맵시, 그림 삽입

"우리지역 직업사전"

내가 사는 마을을 둘러보고 우리 마을 사람들이 하는 일로 직업 사전을 만들었습니다. 그림, 직업 이름, 하는 일이 적혀있습니다.

운동선수
운동의 규칙과 기술을 익혀서 각종 경기나 게임에 참가하는 경기를 하는 사람입니다.

축구 이외에도 골프, 배구, 야구, 양궁, 수영, 핸드볼 등 다양한 운동들이 있는데, 여러 국제대회에서 다양한 종목의 운동선수들이 우리나라를 빛내고 있습니다.

소방관
불이 났을 때 화재를 진압하고, 다친 사람을 빠르게 병원으로 이송합니다.

국민의 생명과 재산을 화재와 자연재해로부터 보호합니다.

내가 사는 동네를 둘러보고 우리 동네 사람들이 하는 일로 직업 사전을 만들어 봅니다.

1 글맵시 제목 넣기

❶ [파일]-[불러오기]-[불러올 파일]-[CHAPTER 06]-'직업 사전.hwp'를 선택한 후, <열기> 단추를 클릭합니다.

❷ [입력] 탭의 [글맵시]-[글맵시 이미지 꾸러미]에서 '채우기-파란색 그러데이션, 역갈매기형 수장 모양'을 선택합니다.

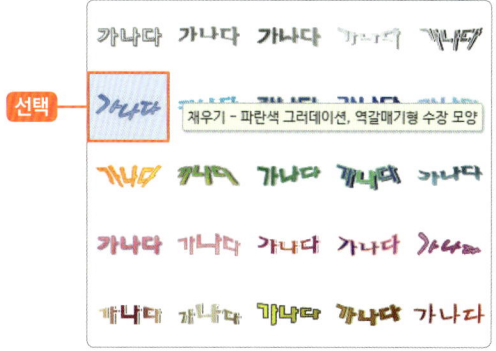

❸ [글맵시 만들기] 대화상자의 [내용]에 '"우리 지역 직업사전"'을 입력합니다.

❹ [글맵시] 개체 속성에서 [기본] 탭의 위치(글자처럼 취급)을 선택하고 본문의 상단에 배치합니다. 이어서, 크기를 변경하여 제목에 어울리게 꾸며 봅니다.

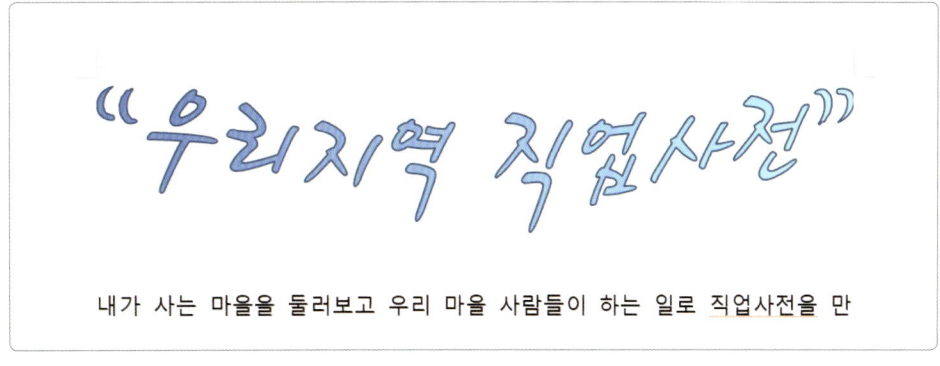

2 그림 넣기

① [입력] 탭의 [그림]을 선택하여 '직업.jpg' 이미지를 열어봅니다.

② 문서에 삽입된 이미지 중에 운동선수와 소방관 모양의 캐릭터를 잘라냅니다. 이미지를 자를 때는 [그림] 탭의 '자르기'를 눌러 모서리를 드래그해 봅니다.
   ※ Shift 키를 누른 상태에서 이미지의 모서리를 드래그해도 이미지가 잘립니다.

③ 각 이미지는 개체 속성의 위치(어울림)으로 설정해 주고 본문 내용의 위치에 맞게 배치합니다.

3 글맵시 소제목 넣기

① 글맵시를 이용하여 각 직업의 이름을 소제목으로 넣어 봅니다. [입력] 탭의 [글맵시]-[글맵시 이미지 꾸러미]에서 '채우기 - 없음, 직사각형 모양'을 선택합니다.

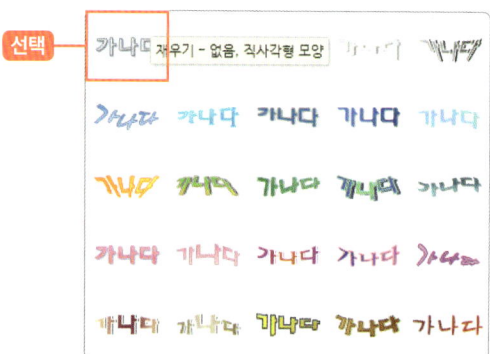

❷ [글맵시] 대화상자의 [내용]에 '운동선수'를 입력한 다음 <설정> 단추를 클릭합니다.

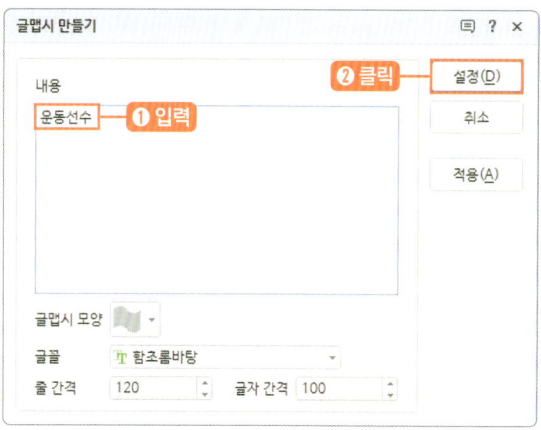

❸ 글맵시의 속성은 [개체 속성] 대화상자의 위치(글자처럼 취급)을 선택하고 본문의 내용의 위치에 글맵시로 작성한 소제목을 배치합니다.

※ 배치할 때 그림의 위치가 변경되니 그림의 배치도 같이 변경합니다.

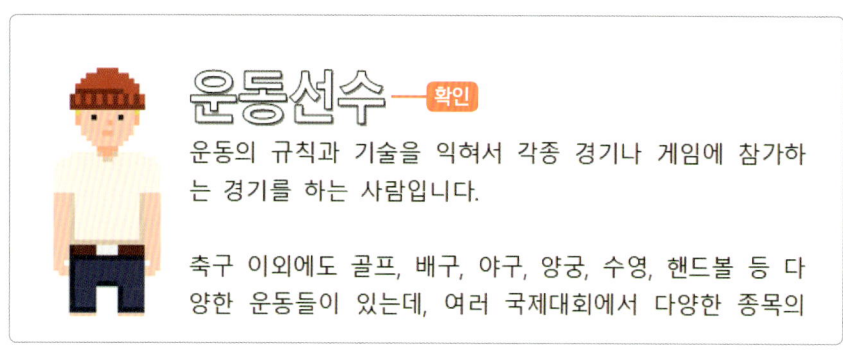

❹ 마지막으로 글맵시의 색상을 운동선수를 하면 떠오르는 색상으로 변경합니다.

※ 본문 예제는 글맵시의 [개체 속성] 대화상자에서 [채우기] 탭의 '색'을 선택하고 면 색(하늘색 80% 더 밝게)로 선택하였습니다.

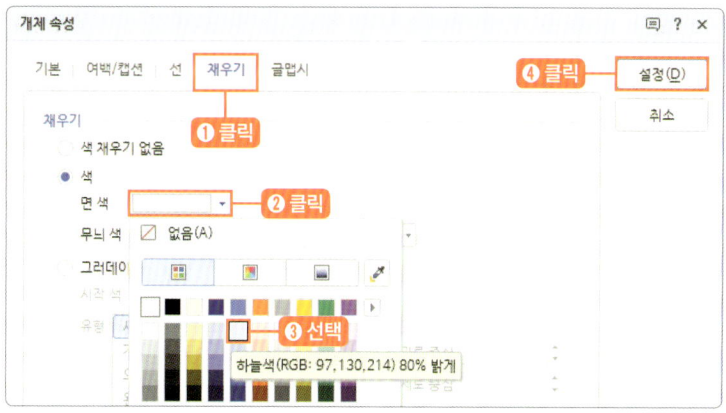

❺ 소방관 글맵시를 만들기 위해서 '운동선수' 글맵시를 클릭 후, 마우스 오른쪽 단추를 눌러 [복사하기]를 선택합니다. 이어서, 소방관 설명 본문 위쪽을 클릭한 후, 마우스 오른쪽 단추를 눌러 [붙이기]를 선택합니다.

❻ 운동선수, 소방관 이외에도 다양한 직업을 추가해 보고 문서를 완성해 봅니다. 이어서, 문서가 완성되면 본인 폴더에 '직업 사전.hwp'로 저장해 봅니다.

연습문제

CHAPTER 06

1 📂 불러올 파일 : 연습하기 01.hwp   📗 완성된 파일 : 6장 연습하기 01(완성).hwp

그림 위에 글맵시를 배치하여 포스터처럼 꾸며봅니다. 글맵시 모양 및 글꼴, 색상 등을 자유롭게 꾸미고 완성해 봅니다. 배경 이미지를 인터넷에서 다운로드하여 변경해도 좋습니다.

2 📂 불러올 파일 : 연습하기 02.hwp   📗 완성된 파일 : 6장 연습하기 02(완성).hwp

글맵시를 이용하여 로고를 만들어 봅니다. 로고를 만들 때 글맵시의 개체 속성에서 [선] 탭의 선의 굵기(3mm)로 바꾸면 안쪽 글씨도 채워지니 복사하여 동일 위치에 배치해 봅니다. 뒤쪽에 있는 글맵시는 꼭 위치를 '글 뒤로'로 설정해 줍니다. 그 외 다양한 기능을 사용하여 자신만의 로고도 만들 수 있습니다.

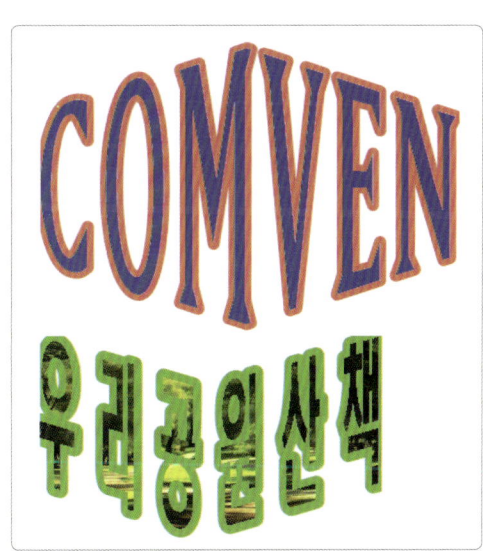

CHAPTER 07 우리 지역 문화 유산

학습목표
- 글자 모양과 문단 모양을 이용하여 문서를 보기 좋게 꾸며 봅니다.
- 우리 지역의 문화유산에 대해 알아보고 문화유산 검색 방법에 대해서 알아봅니다.

■ 불러올 파일 : 문화재.hwp   ■ 완성된 파일 : 문화재(완성).hwp

완성작품 미리보기

오늘 배울 기능
글자 모양, 문단 모양

우리 지역 문화 유산

1. 여주 고달사지 승탑

고달사터에 남아있는 높이 4.3m의 고려시대의 승탑이다. 고달사는 통일신라시대 경덕왕 23년(764)에 창건된 절로, 고려 광종 이후에는 왕들의 보호를 받아 큰 사찰로서의 면모를 유지하기도 하였으나, 조선시대에 폐사된 것으로 추정된다.

2. 하남 동사지 삼층석탑

경기도 광주 춘궁동에 있는 고려시대 3층 석탑으로 2단의 기단 위에 3층의 탑신을 올린 모습으로 되어있다. 이 탑은 1층 탑신과 2,3층의 탑신의 크기가 줄어드는 비율을 따라 지붕돌도 작아지고 있어 전체적으로 매우 안정된 느낌을 주고 있다.

3. 양주 회암사지 무학대사탑 앞 쌍사자 석등

회암사는 고려 충숙왕 때인 1328년에 승려 지공(指空)이 창건한 사찰로, 그 제자인 나옹(懶翁)이 불사를 일으켜 큰 규모의 사찰이 되었다. 조선 태조 이성계가 각별히 관심을 가졌으며, 왕위를 물린 후에도 이곳에서 머무르며 수도 생활을 한 것으로 유명하다. 절터의 동쪽 능선 위에 지공과 나옹 그리고 무학의 사리탑이 남과 북으로 나란히 서 있고, 그 남쪽 끝에 이 석등이 자리하고 있다.

출처 – 문화재청

스토리 소개

내가 사는 지역의 문화재를 알아보고, 글을 정리하여 문서를 만들어 봅니다.

① 글맵시 제목 넣기

❶ [파일]-[불러오기]-[불러올 파일]-[CHAPTER 07]-'문화재.hwp'를 선택한 후, <열기> 단추를 클릭합니다.

❷ 예제 파일의 제목을 블록 지정한 후, [글자 모양]을 변경해 봅니다. 글꼴(HY견고딕), 크기(30pt), 글자 색(흰색), 음영 색(보라색)으로 설정하여 제목을 꾸며 봅니다. '보라색'은 기본 색상에서 찾을 수 있습니다.

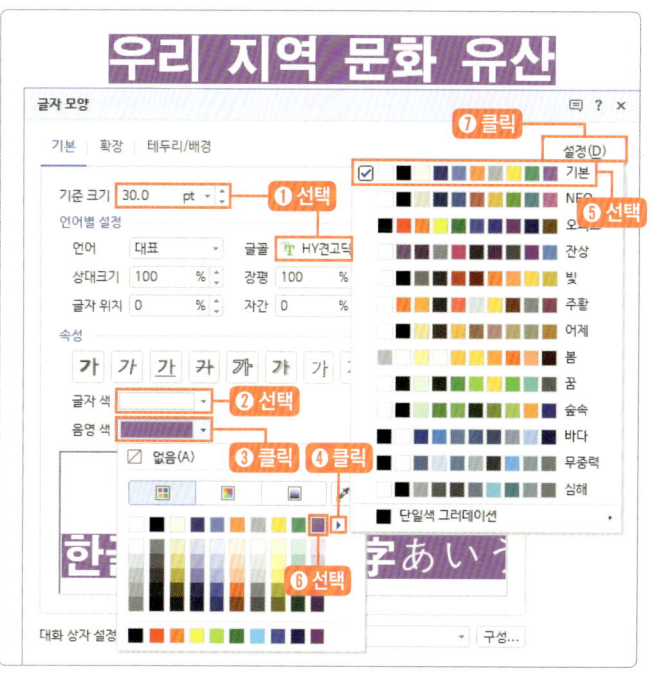

❸ 본문을 블록 지정한 후, [글자 모양]을 변경해 봅니다. 글꼴(맑은 고딕), 글자 크기(14pt)로 변경하고 각 문화재의 이름은 '진하게'로 설정합니다.

> **TIP**
> • [글자 모양] 대화상자는 글자 모양을 적용하고자 하는 문장을 블록 지정한 후, 마우스 오른쪽 단추를 눌러 [글자 모양]을 선택하거나 단축키 Alt + L 키를 선택하여 사용할 수 있습니다.

2 문단 번호 모양 적용하기

❶ '여주 고달사지 승탑', '하남 동사지 삼층석탑', '양주 회암사지 무학대사 탑 앞 쌍사자 석등'에 각각 클릭한 후, [서식] 탭의 [문단 번호 모양]의 목록 상자를 클릭 '1. 가. 1) 가)'를 선택하여 1번부터 3번까지 숫자를 설정해 줍니다.

3 문단 모양 설정

❶ 제목은 '가운데 정렬'을 지정합니다.

❷ 각 본문을 블록 지정한 후, [서식] 탭의 [문단 모양]을 클릭합니다. [문단 모양] 대화상자가 나오면 [기본] 탭의 첫 줄(들여쓰기)를 선택합니다. 그러면 자동으로 들여쓰기 수치는 '10pt'라고 입력되고, [문단 모양] 대화상자 하단의 미리보기 창에 문단의 첫 글자만 들여쓰기가 된 것을 확인할 수 있습니다. 예제 완성한 후, 우리 지역 문화 유산으로 문서의 내용을 변경 해 봅니다.

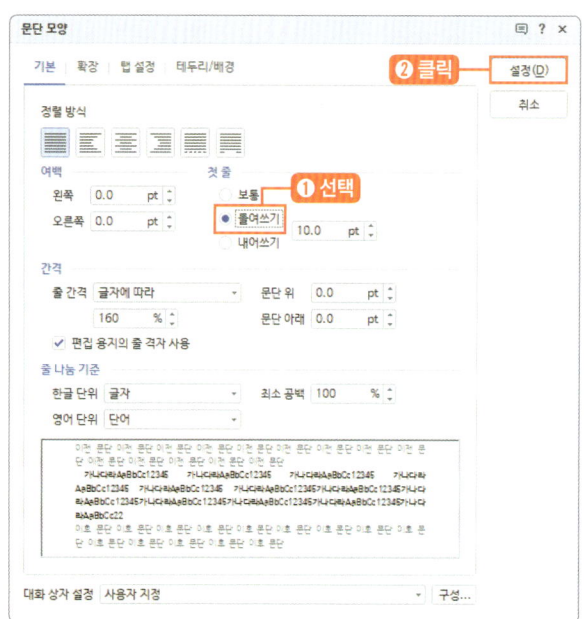

> **TIP**
> • [문단 모양], [글자 모양] 대화상자에서 결과가 어떻게 나타날 것인지 미리보기 화면을 통해 설정한 값을 확인할 수 있습니다.

4 우리 지역의 문화유산 검색하는 방법

❶ 우리 지역의 문화유산으로 문서의 내용을 변경하기 위해서 웹 브라우저(크롬 또는 엣지)를 이용하여 '네이버(https://naver.com)' 사이트에 접속한 후, 검색 창에 '문화재청'이라고 입력하고 [검색(돋보기)]을 눌러 줍니다.

❷ '문화재청'이 검색이 되면 [문화재청] 홈페이지를 클릭합니다.

❸ [문화재청] 홈페이지에 들어갔다면 메뉴의 [문화재검색]-[문화재 지역별 검색]을 선택합니다.

❹ 우리 지역 문화재 검색 화면이 나오면, 다음과 같이 지도 형태로 나옵니다. 지도에서 각자의 지역을 선택하여 우리 지역의 문화재에 대해 검색할 수 있습니다.

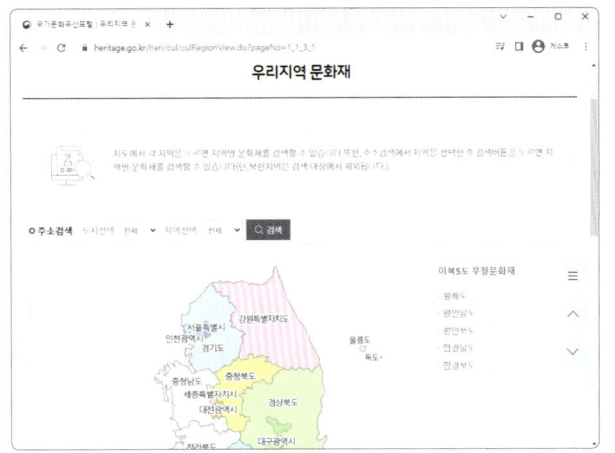
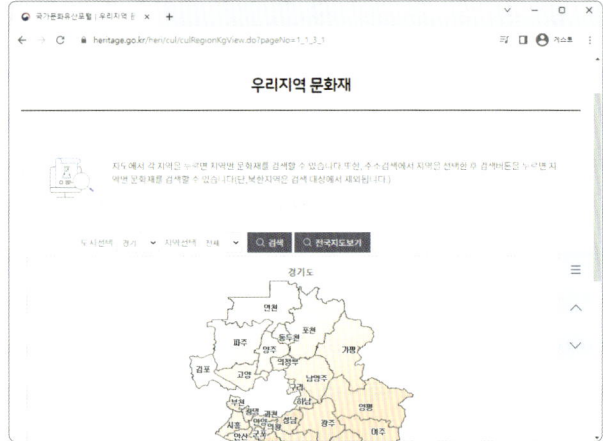

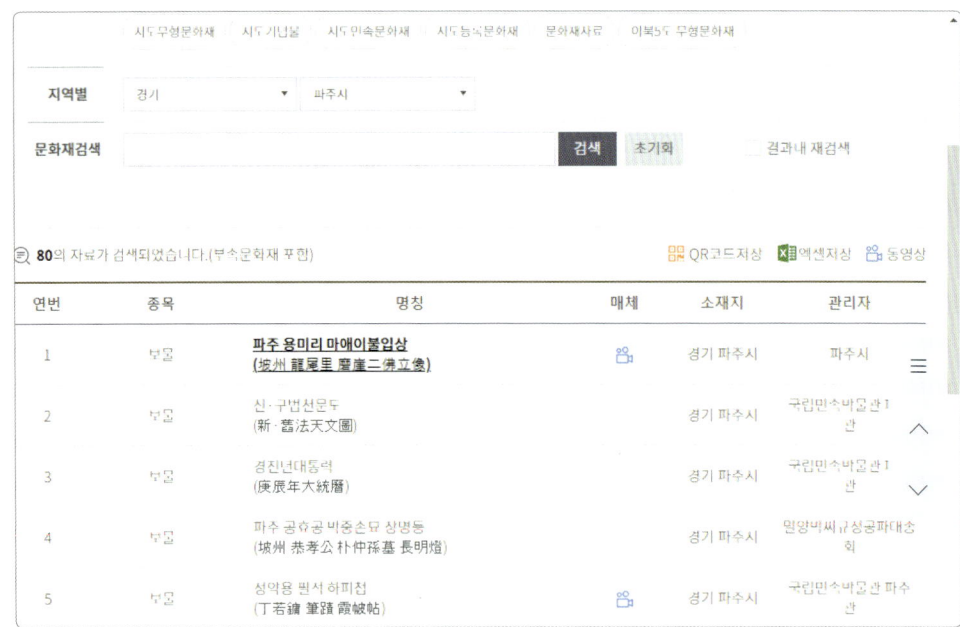

❺ 문화재를 선택하게 되면 각 문화재의 사진과 설명이 함께 나오며 다양한 정보를 확인할 수 있습니다. 하단에 안내판 설명이 함께 기재 되어있기도 합니다. 이 페이지에 있는 내용을 기준으로 문서의 내용을 변경해 봅니다.

❻ 특히 그림을 사용하고자 할 경우 저작권 확인을 해야 하며 저작권 확인은 사진을 클릭하면 하단에 공공누리 공공저작물 표시를 확인하면 됩니다.

  ※ **공공 저작물** : 정부에서 국민이 저작권 침해 걱정없이 공공저작물을 사용 가능

CHAPTER 07

 1 ■ 불러올 파일 : 연습하기 01.hwp   ■ 완성된 파일 : 7장 연습하기 01(완성).hwp

우리나라의 미세먼지에 대해 조사하려고 합니다. 글자 모양, 문단 모양(정렬, 왼쪽 여백)을 이용하여 목차 제목과 목차 내용을 보기 좋게 꾸며 문서를 완성해 봅니다.

우리나라의 ==미세먼지== 조사(목차)

1. 미세먼지 소개
    가. 미세먼지란 무엇인가?
    나. 미세먼지의 크기와 구성 요소

2. 미세먼지의 발생 원인
    가. 자연적인 원인
    나. 인간의 활동에 의한 원인

3. 미세먼지의 영향과 문제점
    가. 건강에 미치는 영향
    나. 환경과 생태계에 미치는 영향
    다. 사회적, 경제적 문제점

 2 ■ 불러올 파일 : 연습하기 02.hwp   ■ 완성된 파일 : 7장 연습하기 02(완성).hwp

우리나라의 미세먼지 조사 내용을 보기 좋게 꾸며 가독성을 높여 문서를 완성해 봅니다.

우리나라의 미세먼지

우리나라의 미세먼지는 대기 중에 떠다니는 미세한 입자로서, 주로 미세먼지와 초미세먼지 두 가지 유형으로 나눕니다. 미세먼지는 지름이 2.5 마이크로미터 이하의 먼지 입자를 말하며, 초미세먼지는 지름이 10 마이크로미터 이하의 먼지 입자를 의미합니다.

우리나라에서 미세먼지가 발생하는 주된 원인은 다음과 같습니다.

① **대기 오염**: 공장, 자동차 등에서 발생하는 먼지와 유해 가스들이 대기 중에 증가하여 미세먼지의 발생을 촉진합니다.
② **농업 활동**: 농경지에서 발생하는 미세먼지도 우리나라의 대기질에 영향을 끼칩니다.

MEMO

CHAPTER 08 우리 지역 공공 기관에서 하는 일

학습목표
- 인터넷 검색 기능을 이용하여 공공 기관에서 하는 일에 대해 조사해 봅니다.
- 그림과 글상자를 이용하여 우리 지역 공공 기관에서 하는 일에 대해 정리해 봅니다.

📁 불러올 파일 : 없음   📁 완성된 파일 : 공공 기관 업무 조사(완성).hwp

 완성작품 **미리보기**

{ 오늘 배울 기능 }
그림, 글상자

 **스토리 소개**

내가 사는 지역의 공공 기관의 업무를 조사하여 그림 형태로 꾸며 봅니다.

1 자료 조사

❶ 웹 브라우저(크롬 또는 엣지)를 이용하여 '네이버(https://naver.com)' 사이트에 접속한 후, 검색창에 '공공기관에서 하는 일'을 입력하고 Enter 키를 눌러 검색합니다. 이어서, 검색된 결과에서 '공공 기관에서 하는 일'에 대한 '지식 백과'를 클릭합니다.

❷ 공공 기관에서 하는 일의 내용을 확인합니다.

❸ 공공 기관의 뜻, 명칭 등을 알아보고 공공 기관에 대한 설명을 네이버 검색 기능을 이용하여 추가로 검색해 봅니다. 예제에서 선정한 'K-Water'와 '한국가스공사'에 대해 조사해 봅니다.

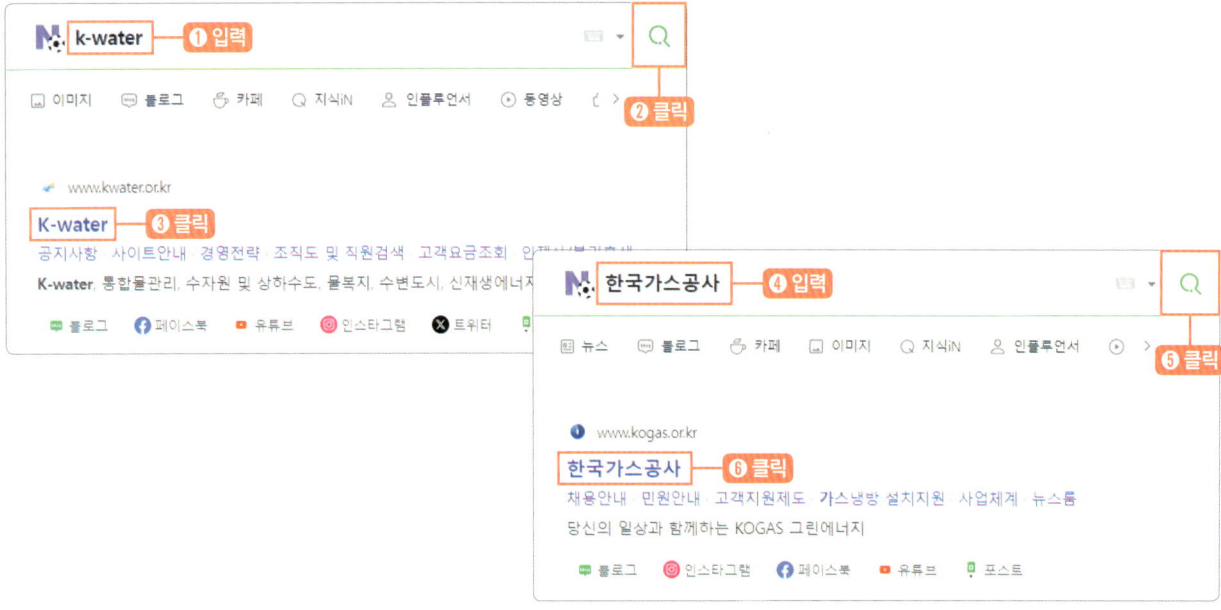

2 공공 기관 업무 조사 내용 정리하기

❶ 한글 2020을 실행하고 [새 문서]를 불러온 다음 '우리 지역 공공 기관 업무 조사'를 입력합니다. 글꼴(HY견고딕), 크기(26pt), '가운데 정렬'로 설정합니다.

우리 지역 공공 기관 업무 조사

❷ '직사각형'을 이용하여 편집 용지에 맞춰 큰 사각형을 그린 후, 글상자를 이용하여 '한국 가스 공사'를 입력합니다.

❸ '직사각형'을 이용한 선 종류는 '선 없음', '초록' 계열로 면 색을 채워주고 '한국가스 공사'의 글꼴 및 색상을 자유롭게 변경해 줍니다. 단, 배치는 다음과 같이 맞춰줍니다.

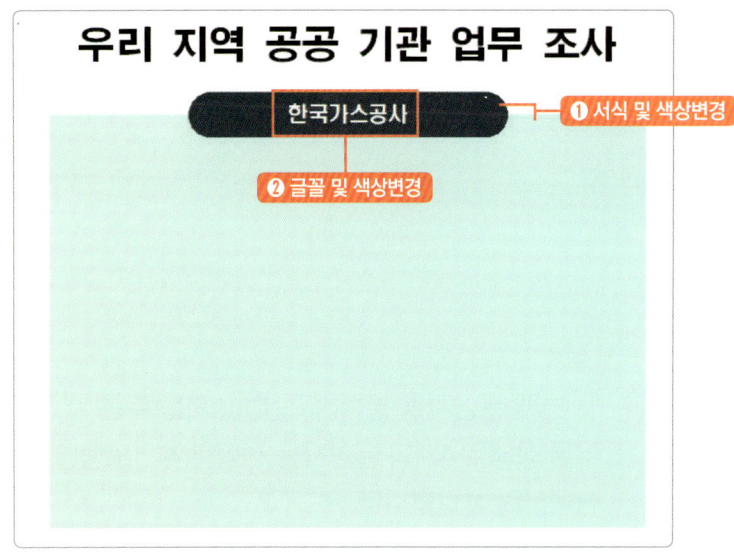

❹ [입력] 탭-[그림]을 선택하여 [불러올 파일]-[CHAPTER 08]-'천연자원.jpg' 파일을 문서에 삽입한 후, 그림을 더블클릭하여 [개체 속성] 대화 상자에서 본문과의 배치 '글 앞으로'를 선택하여 사각형 도형 위에 그림을 배치합니다.

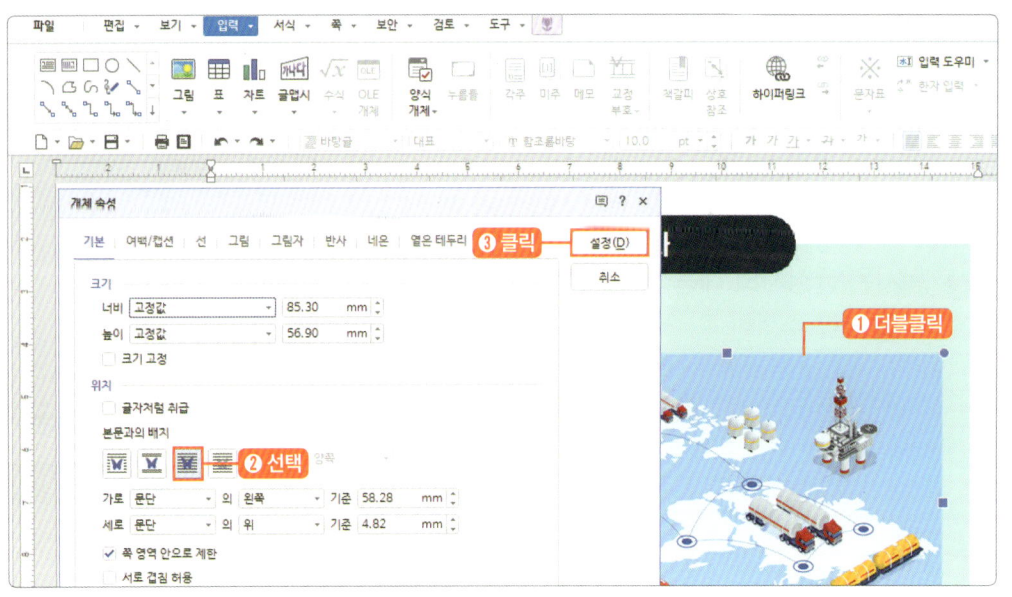

❺ 글상자를 드래그하여 입력한 다음 내용은 '천연가스의 개발, 수송 및 수출입'을 입력합니다.
   ※ 글상자 서식과 글자 모양은 자유롭게 변경해 봅니다.

❻ 첫 번째 글상자를 클릭하고 Ctrl 키를 누른 채로 마우스로 드래그해서 글상자를 복사합니다. Ctrl 키를 누른 상태로 4개의 글상자를 선택한 후, [도형( )] 탭의 맞춤에 '가운데 맞춤', '세로 간격을 동일하게'를 선택하여 정렬합니다.

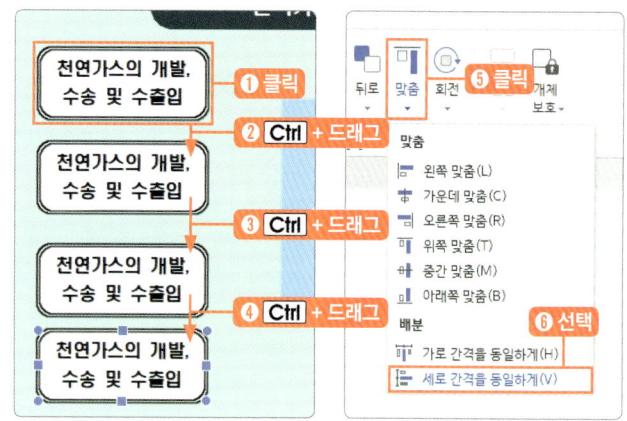

❼ 복사된 글상자의 내용을 '액화석유가스의 개발 및 수출입', '신/재생에너지', '청정합성 연료 및 기후친화사업'으로 수정한 후, 첫 번째 공공 기관 업무 조사 그림을 완성합니다.

3 그림과 글상자 양식 복사하여 편집하기

❶ 글상자를 복사해서 사용했던 것처럼, '한국가스공사'의 그림과 글상자를 모두 선택한 후 Ctrl + Shift 키를 누른 채로 마우스로 드래그해서 문서 아래에 복사합니다.

❷ '한국가스공사'가 쓰인 글상자 내용을 'K-Water'로 변경한 후, 글상자도 '지방 상수도 운영관리', '댐 및 수력발전', '물환경관리', '물산업 육성'을 입력하고 그림을 선택한 다음 Delete 키를 눌러 삭제합니다.

❸ 4개의 글상자를 오른쪽으로 이동한 후, [입력] 탭-[그림]을 선택하여 [불러올 파일]-[CHAPTER 08]-'댐.jpg' 그림을 가져와 다음과 같이 배치해 봅니다. 도형의 색상 변경은 다음과 같이 변경합니다. 이어서, 문서를 '공공 기관 업무 조사.hwp'로 본인 폴더에 저장합니다.

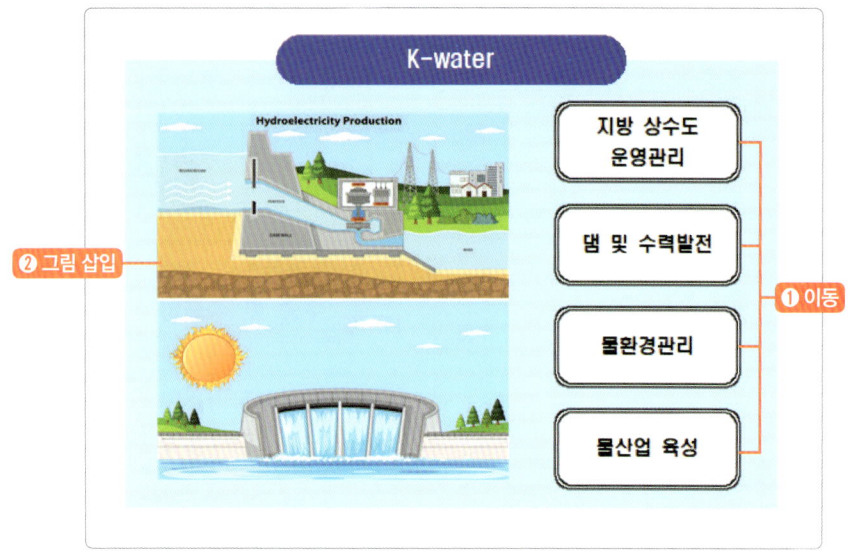

① ■ 불러올 파일 : 없음 ■ 완성된 파일 : 8장 연습하기 01(완성).hwp

그림 위에 글상자를 이용하여 공공 기관 조사한 내용을 발표하기 위한 표지를 만들어 봅니다. 글상자를 총 5개 사용하여야 하며, 글상자의 배치, 글자 모양을 변경하여 완성해 봅니다. 그림은 '발표배경.jpg'를 사용합니다.

② ■ 불러올 파일 : 연습하기 02.hwp ■ 완성된 파일 : 8장 연습하기 02(완성).hwp

문장으로만 작성되어있는 문서를 글상자와 글자모양을 이용하여 예제 그림과 같이 멋지게 만들어 봅니다.

CHAPTER 09 역사 인물 조사 마인드맵

학습목표
- 역사 인물을 조사해 보고 마인드맵으로 표현해 봅니다.
- 타원 도형과 직선 연결선을 이용하여 도형을 다양하게 배치를 할 수 있습니다.

■ 불러올 파일 : 없음   ■ 완성된 파일 : 마인드맵(완성).hwp

완성작품 미리보기

오늘 배울 기능
그리기 도구(도형, 선) 삽입, 복사, 회전, 편집 용지 방향 변경

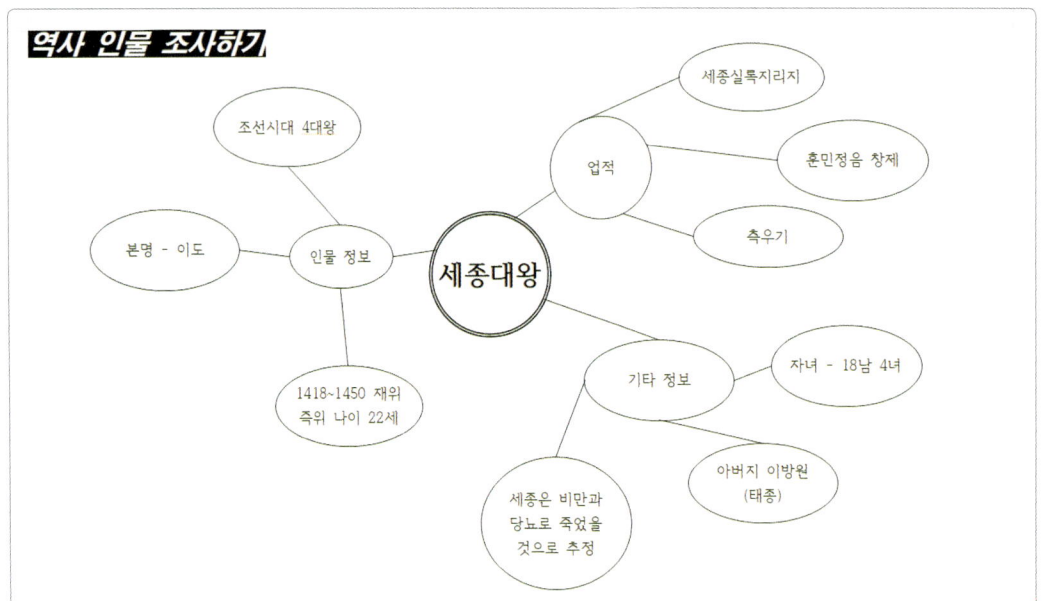

스토리 소개
한글을 창제한 역사적 인물인 '세종대왕'에 대한 조사를 마인드맵으로 표현해 봅니다.

TIP
편집 용지 설정은 [쪽] 탭의 [기본 도구 모음]에서 '가로'를 선택하면 용지의 방향이 변경됩니다. [편집 용지] 설정은 키보드의 F7 키를 누르거나 [쪽] 메뉴의 [편집 용지]를 선택해도 변경할 수 있습니다.

1 편집 용지 설정

❶ 새 문서를 열어 편집 용지를 '가로'로 설정하기 위해 [쪽] 탭의 [가로]를 클릭합니다.

2 글자 모양을 이용하여 제목 작성하기

❶ 제목은 '역사 인물 조사하기'로 입력하고 블록을 지정한 다음 글꼴(HY견고딕), 크기(18pt), 속성(기울이기), 글자 색(흰색), 음영 색(검은색)으로 지정한 후, <설정> 단추를 클릭합니다.

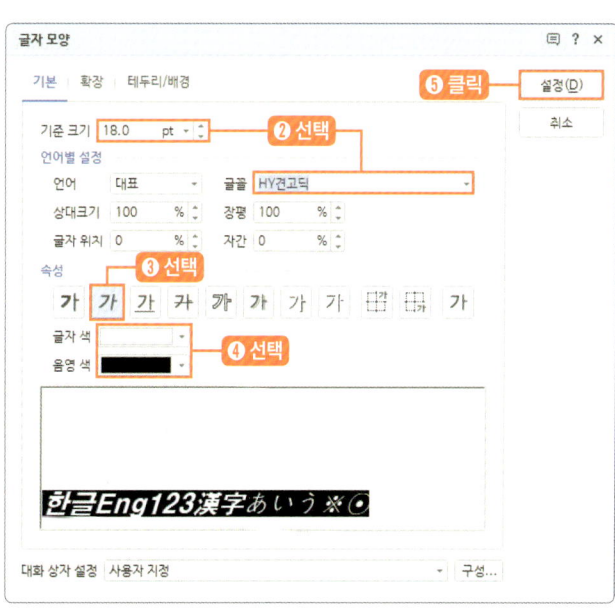

③ 마인드맵 도형 설정

❶ 역사 인물로 '세종대왕'을 조사하기 위한 마인드맵을 본격적으로 작성해 봅니다. 문서의 가운데에 [입력] 탭의 '타원'을 선택한 후, 드래그하여 원형을 그립니다.

※ 정원을 그릴 경우에 Shift 키와 함께 드래그 해주면 가로·세로의 크기가 같은 정원이 만들어집니다.

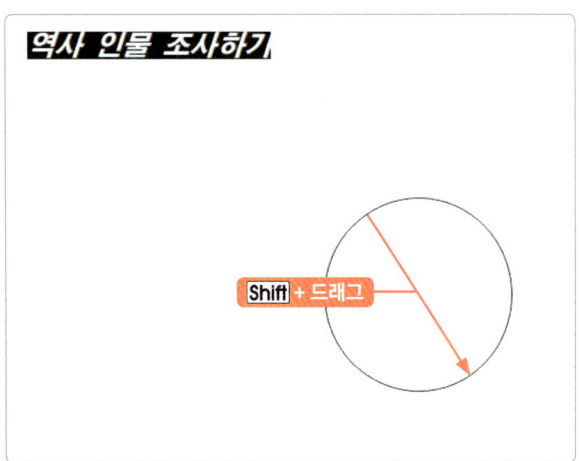

❷ '타원' 도형을 클릭한 후, [도형] 탭의 [도형 윤곽선]-[선 종류]-'이중 실선'을 선택합니다.

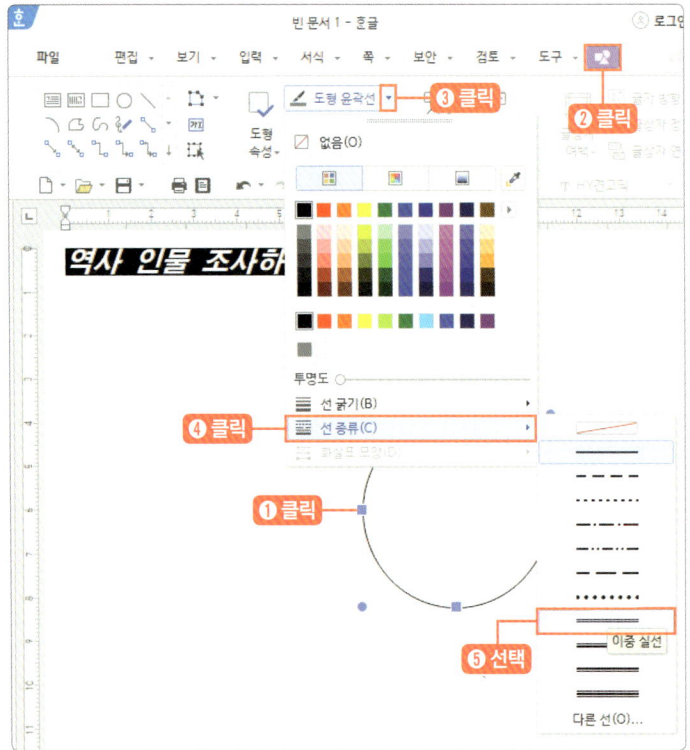

❸ '타원' 도형을 클릭한 후, 마우스 오른쪽 단추를 눌러 [도형 안에 글자 넣기]를 선택한 다음 '세종대왕'이라고 입력합니다.

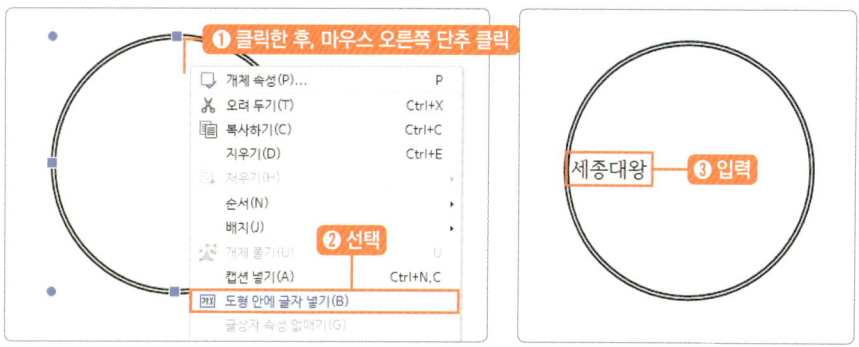

❹ 글자는 '가운데 정렬'하고 글자 크기를 적당하게 변경해 줍니다. 이어서, '타원 도형'과 도형 안에 글자 넣기를 이용하여 다음과 같이 내용을 입력합니다.

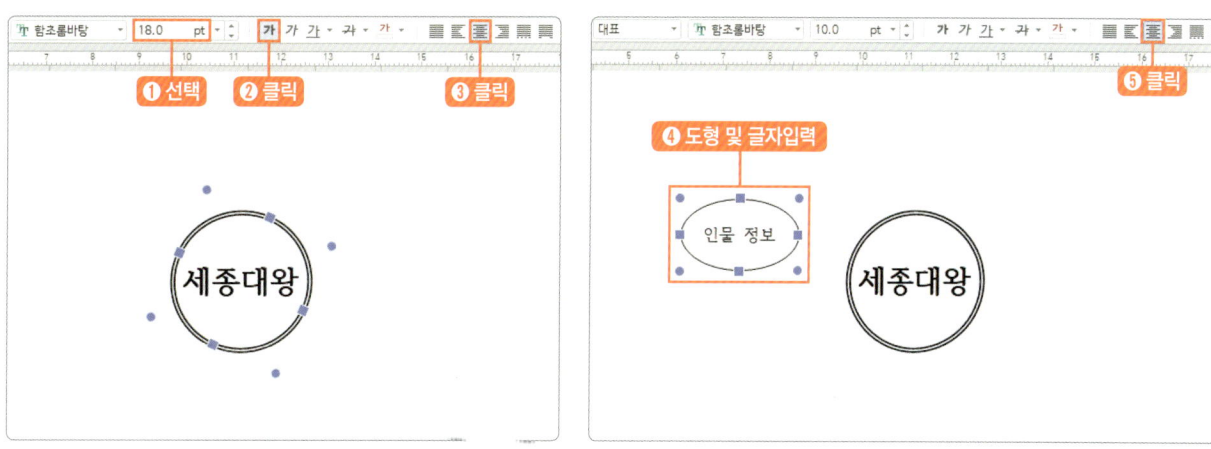

❺ '인물 정보' 도형을 복사하여 다음과 같이 배치를 합니다. 이어서, 도형의 '연결 선'을 이용하여 도형과 도형을 연결해 줍니다. 마무리로 글자 내용에 맞게 도형의 크기를 변경합니다.

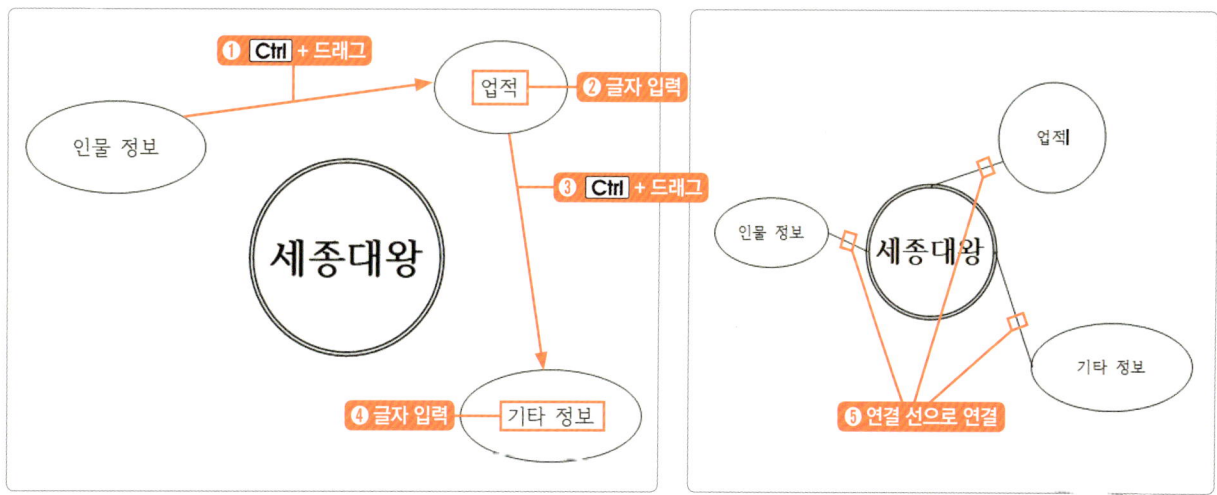

❻ 마인드맵의 내용에 맞게 다음과 같이 도형을 복사한 후, 연결 선을 연결하여 봅니다.

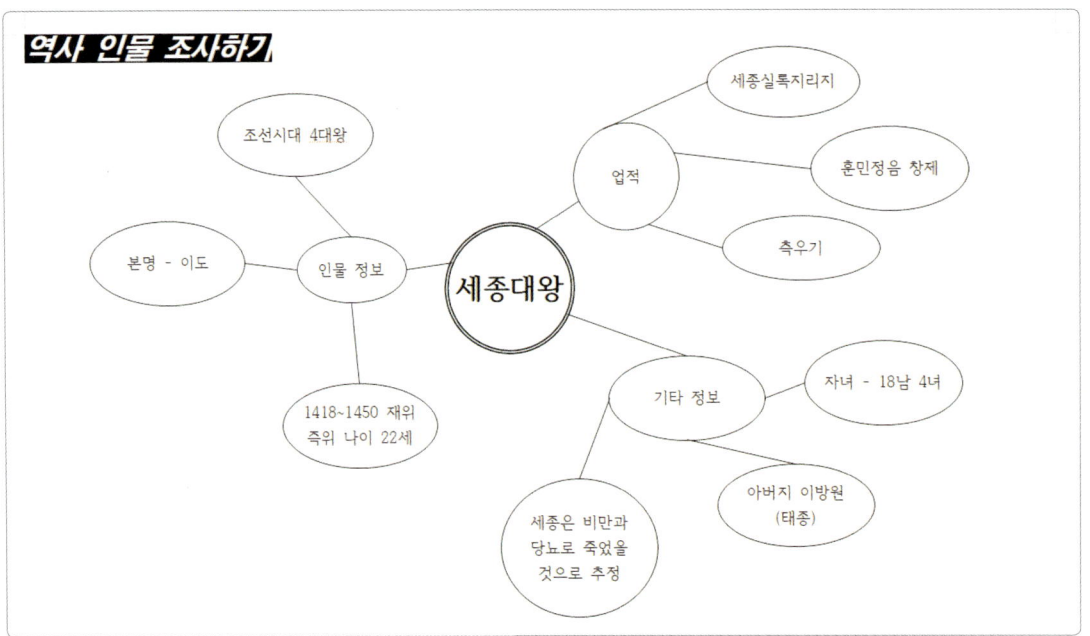

❼ 완성된 마인드맵 파일을 자신의 폴더에 '자료조사.hwp'로 저장합니다.

CHAPTER 09

1 ■ 불러올 파일 : 없음 ■ 완성된 파일 : 9장 연습하기 01(완성).hwp

'직사각형' 도형을 이용하여 제목을 꾸며보고, '세종.jpg' 사진을 넣어 표지를 완성해 봅니다. 발표할 조의 정보는 글상자를 이용하여 입력해 봅니다.

2 ■ 불러올 파일 : 없음 ■ 완성된 파일 : 9장 연습하기 02(완성).hwp

'직사각형' 도형을 하나 만들어 복사 및 회전 기능을 이용하여 자음을 만들어 봅니다.

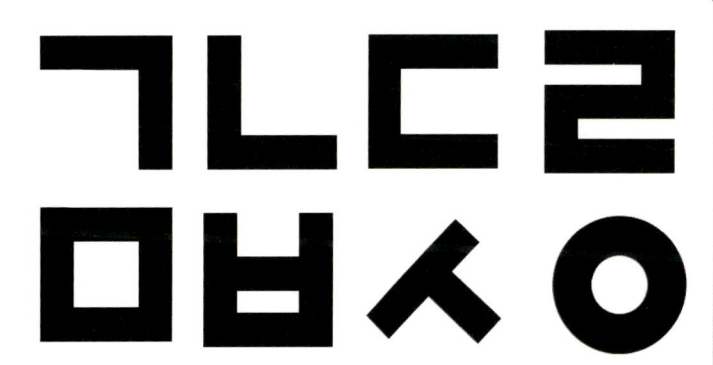

● 도형 회전 : [도형]-[회전]-[개체 회전]

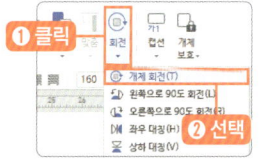

CHAPTER 09_ 역사 인물 조사 마인드맵 • **065**

CHAPTER 10 역사 인물 조사 보고서

학습목표
- 역사 인물에 대한 내용을 표 기능을 이용하여 작성할 수 있습니다.
- 그림에 워터마크 및 투명도 효과를 주어 배경으로 사용해 봅니다.

📁 불러올 파일 : 없음   📁 완성된 파일 : 표(완성).hwp

완성작품 미리보기

오늘 배울 기능
표 삽입, 그림 삽입

한글 창제를 한 세종대왕

업적	설명
한글 창제	한글 문자를 창제하고 '훈민정음'을 만들어 근대적이고 쉬운 글씨체를 제공함으로써 교육 및 문화 발전에 기여
과학기술 지원	천문 관측기구 개발, 의학 및 농업 기술 발전을 지원하여 과학기술 분야에서 진보를 이끌어냄
훈민정음 해례 발행	한글 창제와 함께 훈민정음 해례를 발행하여 인쇄문화를 확산시킴
사대부지법 개정	사대부지법을 개정하여 노비 제도를 완화하고, 노비의 자유 이동과 권리 보호에 기여
문하생제도 도입	청년들에게 교육 기회를 부여하고 왕실 내부에서 근면 성실한 인재를 양성함
개경 평양 이전	개경(서울)을 국내의 중심으로 옮기고 평양을 서북권 중심지로 지정하여 통치 체계를 강화함
강화도 방어 전략	침략적인 조국으로부터 친일적인 강화도를 방어하고 군사적 기반을 강화함
문화 및 학술 지원	미술, 음악, 문학 등 예술 문화를 지원하고, 학문 발전을 위해 성취적인 노력을 함
정교 세습체제 도입	정교 세습체제를 도입하여 국가 관리 및 행정을 강화함
농업 및 물재법 개정	농업 생산성을 향상시키기 위해 농업 및 물재법을 개정하고 농민들의 처우를 개선함

스토리 소개
- '세종대왕'의 업적을 표를 이용하여 정리하고 표현해 봅니다.

- 역사적 인물에 대한 조사를 'Microsoft Edge'의 '빙챗' 기능을 이용하면 조금 더 쉽게 정보를 수집하고, 표로 만들 수 있습니다. 이와 비슷하게 'ChatGPT'를 이용해도 정보에 대한 조사를 조금 더 편리하게 활용할 수 있습니다.

1 편집 용지 및 제목 설정

① 새 문서를 만듭니다. 새 문서의 편집 용지 방향은 '가로'로 설정합니다.

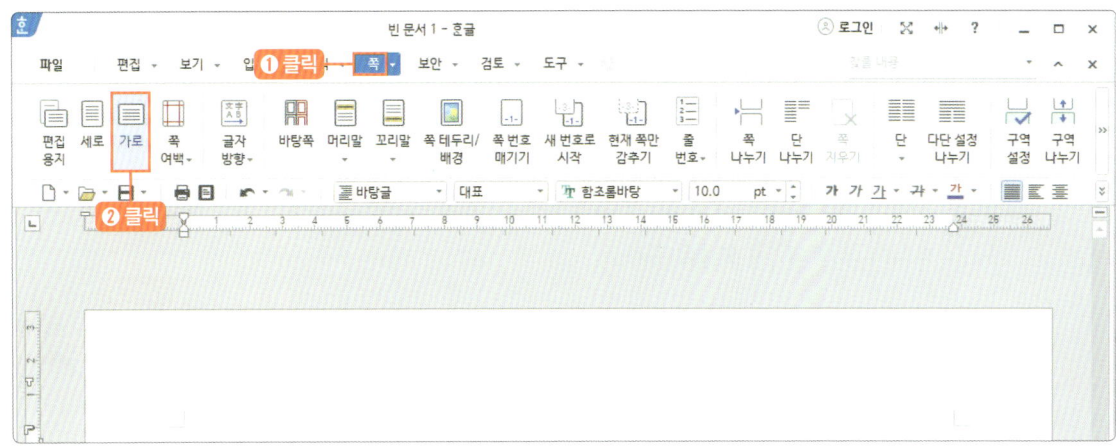

② '한글 창제를 한 세종대왕'이라고 입력한 후, 글꼴(HY견고딕), 크기(20pt), '가운데 정렬'을 지정합니다.

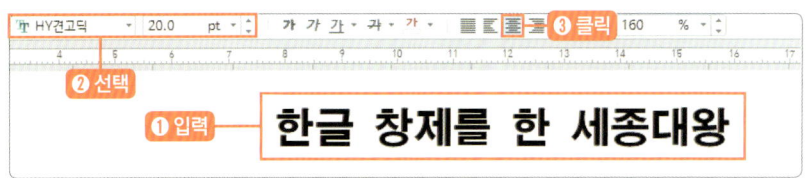

2 표 삽입 및 편집

① [입력] 탭의 [표]를 클릭합니다.

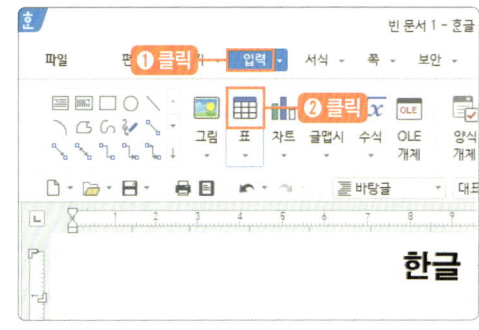

CHAPTER 10_ 역사 인물 조사 보고서 • **067**

❷ [표 만들기] 대화상자에서 줄 개수(11), 칸 개수(2)로 설정한 후, [기타]에 '글자처럼 취급'을 체크하고 <만들기> 단추를 클릭합니다.

TIP
- 표 만들기를 할 경우 [입력] 탭의 '표 확장 단추'를 선택하고 만들고자 하는 표의 줄과 칸의 개수를 마우스로 드래그하여 설정할 수 있습니다.

❸ 표 안에 글자를 작성하기 전에 '업적', '설명'이 들어갈 표의 칸을 조정해 봅니다. 마우스로 표의 선을 선택하여 왼쪽으로 이동하면 표의 너비가 변경됩니다. 4cm 정도 되는 위치로 첫 번째 칸의 크기를 조절합니다.

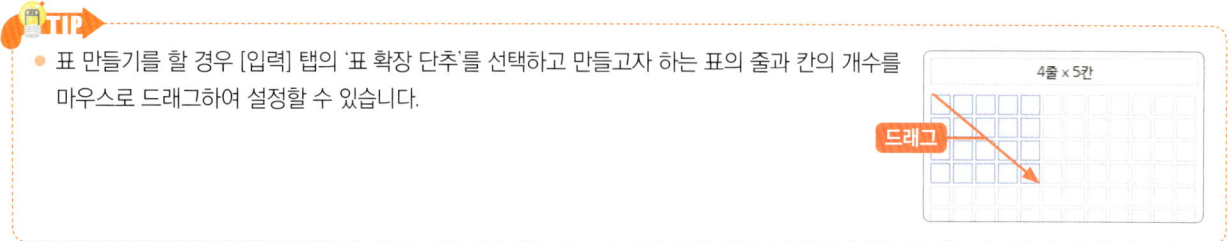

❹ '완성 미리보기'의 내용을 보고 표에 글을 입력합니다.

❺ 표는 마우스 커서가 'I' 모양이 되었을 경우 드래그하면 표의 내용이 블록 지정이 되며 글꼴(한컴 윤고딕 230), 크기(12pt)로 변경합니다. 이어서, 첫 번째 줄만 글자 크기(15pt)로 변경하고 제목 줄인 '업적', '설명', '업적'이 입력된 첫 번째 칸 전체를 '가운데 정렬'을 지정합니다.

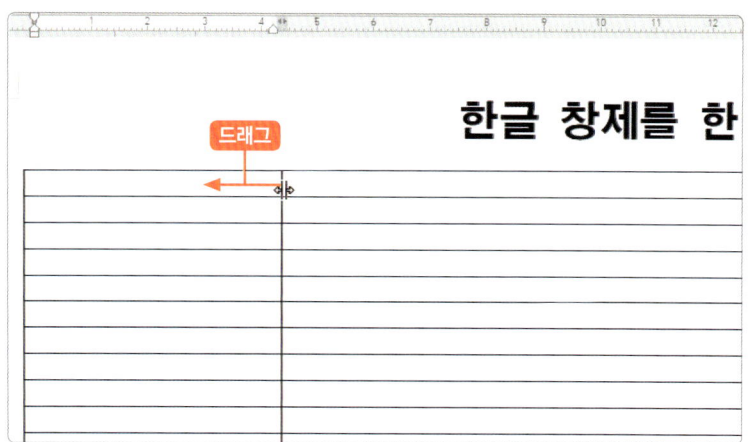

❻ 표의 내용을 보기 좋게 꾸미기 위해 표를 전체 블록 지정한 후, Ctrl + ↓ 키를 눌러 표의 크기를 조정합니다.

업적	설명
한글 창제	한글 문자를 창제하고 '훈민정음'을 만들어 근대적이고 쉬운 글씨체를 제공함으로써 교육 및 문화 발전에 기여
과학기술 지원	천문 관측기구 개발, 의학 및 농업 기술 발전을 지원하여 과학기술 분야에서 진보를 이끌어냄
훈민정음 해례 발행	한글 창제와 함께 훈민정음 해례를 발행하여 인쇄문화를 확산시킴
사대부지법 개정	사대부지법을 개정하여 노비 제도를 완화하고, 노비의 자유 이동과 권리 보호에 기여
문하생제도 도입	청년들에게 교육 기회를 부여하고 왕실 내부에서 근면 성실한 인재를 양성함
개경 평양 이전	개경(서울)을 국내의 중심으로 옮기고 평양을 서북권 중심지로 지정하여 통치 체계를 강화함
강화도 방어 전략	침략적인 조국으로부터 친일적인 강화도를 방어하고 군사적 기반을 강화함
문화 및 학술 지원	미술, 음악, 문학 등 예술 문화를 지원하고, 학문 발전을 위해 성취적인 노력을 함
정교 세습체제 도입	정교 세습체제를 도입하여 국가 관리 및 행정을 강화함
농업 및 물재법 개정	농업 생산성을 향상시키기 위해 농업 및 물재법을 개정하고 농민들의 처우를 개선함

❼ '한글 창제'의 설명만 두 줄이기 때문에 '한글 창제'의 설명 내용을 블록 지정한 후, [글자 모양]을 실행하여 장평(95%)로 변경합니다.

❽ 다시 표 전체 내용을 블록 지정한 뒤 [표 레이아웃] 탭의 [셀 높이를 같게]를 클릭하여 표의 높이를 같게 해줍니다.

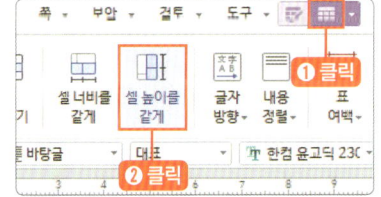

❾ 제목 줄을 블록 지정한 후, 마우스 오른쪽 단추를 클릭하여 [셀 테두리/배경]-[각 셀마다 적용]을 선택합니다. 이어서, 배경 색을 '노란색'으로 설정해 줍니다.

※ **단축키** : 블록 지정한 후, C 키를 누르면 [셀 테두리/배경]-[배경] 탭이 실행됩니다.

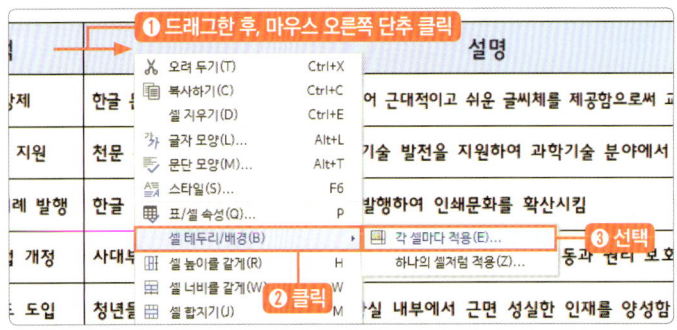

⑩ 마지막으로 '세종.jpg' 그림을 다음과 같이 배치하고 더블클릭을 합니다.

⑪ [개체 속성]에서 '글자처럼 취급'을 취소하고 그림의 배치를 '글 뒤로' 선택합니다. 이어서, 개체 속성의 [그림] 탭에 '워터마크'를 선택하고 투명도(50%)로 설정한 다음 배경 이미지로 배치하여 완성합니다.

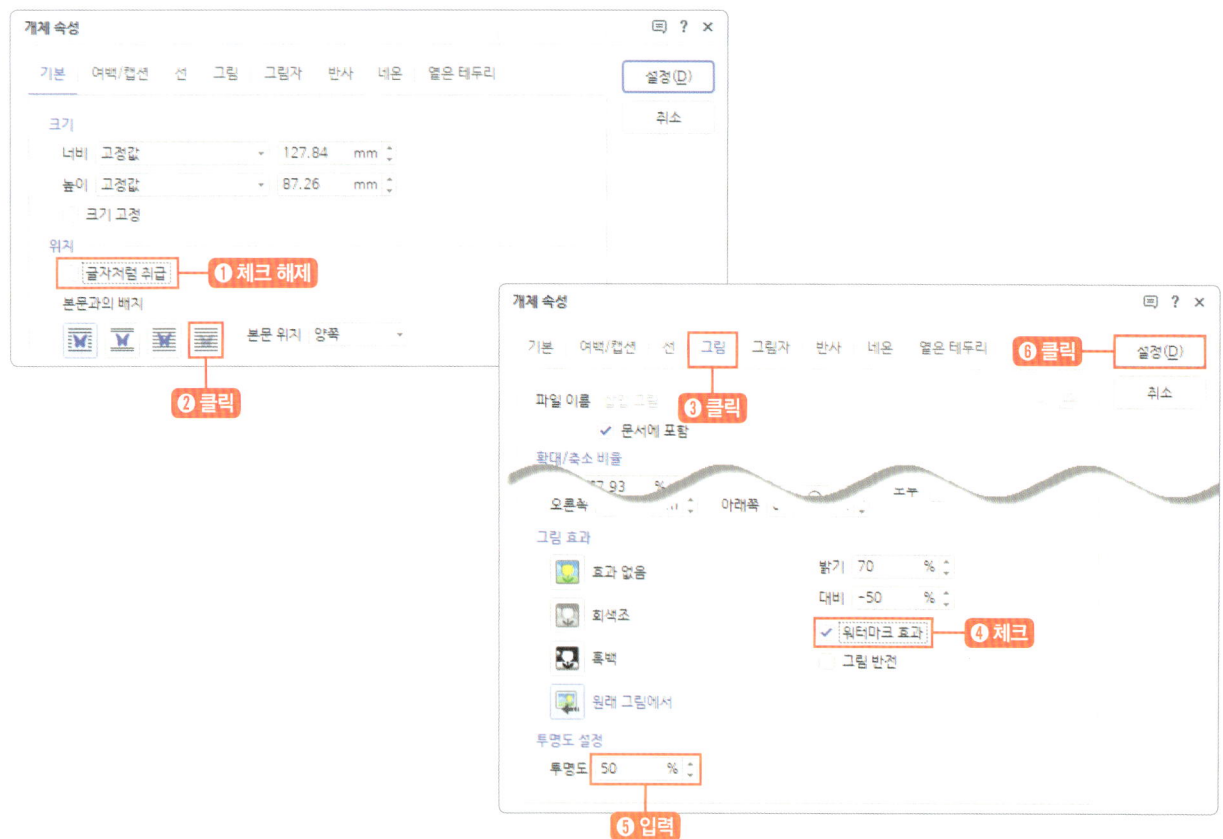

연습문제

CHAPTER 10

1
📁 불러올 파일 : 없음 📁 완성된 파일 : 10장 연습하기 01(완성).hwp

표와 그림을 이용하여 우리반 친구들 10명 이상의 연락처를 작성해 보고 꾸며봅니다. 글자 모양 및 문단 모양은 자유롭게 정해보고, 표에서 사용한 이미지는 '꾸미기.jpg' 그림을 사용하여 미리보기 파일처럼 만들어 봅니다.

2
📁 불러올 파일 : 없음 📁 완성된 파일 : 10장 연습하기 02(완성).hwp

'음식.jpg' 그림을 이용하여 내가 좋아하는 식재료 5개를 정해보고 한글과 영어로 적어봅니다.

내가 좋아하는 식재료

식재료	한글	영어
🌽	옥수수	Corn
🧀	치즈	Cheese
🥩	고기	Meat
🥛	우유	Milk
🥬	양배추	Cabbage

CHAPTER 11 미세먼지 등급표 만들기

학습목표
- 미세먼지 등급을 표로 표현하고, 표 편집을 통해 다양하게 수정해 봅니다.
- 표를 삽입하고, 셀 합치기, 셀 테두리, 셀 색 등을 변경하여 멋지게 꾸밀 수 있습니다.

■ 불러올 파일 : 없음 ■ 완성된 파일 : 등급표(완성).hwp

완성작품 미리보기

오늘 배울 기능
표 편집, 셀 색, 셀 테두리 편집, 셀 합치기(병합)

스토리 소개
미세먼지 등급 예보 및 경보 구분에 따른 등급표를 만들어 봅니다.

제목 및 표 입력

❶ 새 문서를 만듭니다. 이어서, '미세먼지 예보 및 경보 구분'이라고 제목을 입력하고 [글자 모양]에서 글꼴(HY견고딕), 크기(30pt)로 설정합니다.

❷ 표는 완성작품 미리 보기를 확인하여 가장 많은 칸과 줄을 기준으로 세어 표를 만듭니다.

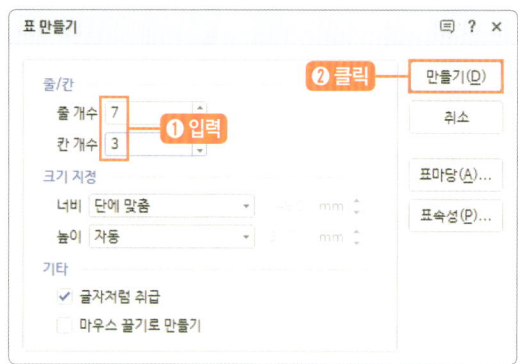

❸ 다음과 같이 표에 데이터를 입력합니다.

※ 데이터를 입력할 때 Tab 키를 누르면 다음 칸으로 이동되며 마지막 칸에서 Tab 키를 누르면 다음 줄의 첫 번째 칸으로 이동됩니다. 방향키로도 각 셀의 위치로 이동이 가능합니다. 단위는 문자표를 이용해 입력합니다.

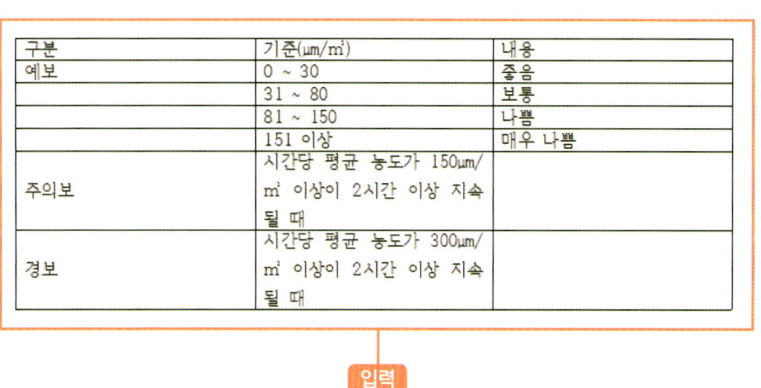

CHAPTER 11_ 미세먼지 등급표 만들기 • **073**

2. 셀 합치기 및 셀 서식 지정

① 셀을 합치기 위해 합칠 셀을 블록 지정한 후, [표] 탭의 [셀 합치기]를 클릭합니다.

※ **단축키** : 블록 지정한 후, [M] 키를 누르면 [셀 합치기]가 실행됩니다.
※ 주의보와 경보의 설명이 입력된 셀들을 각각 블록 지정하여 [셀 합치기]를 합니다.

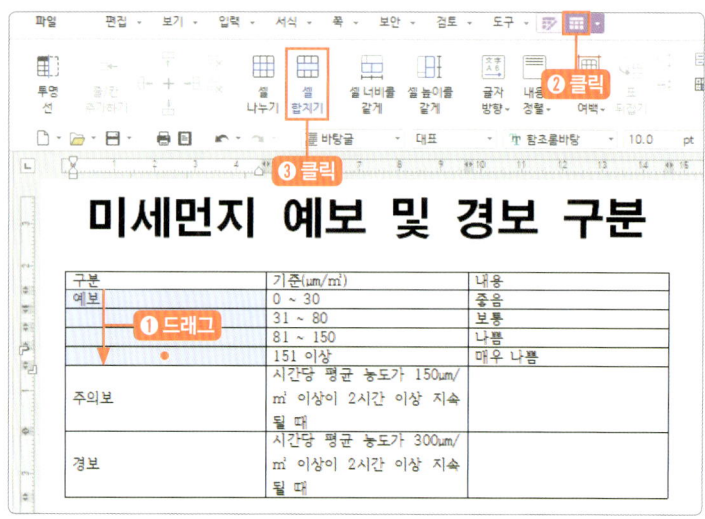

② 표의 글자를 '가운데 정렬', 글꼴(한컴 윤고딕 230), 크기(16pt)로 설정하고 첫째 줄과 첫째 칸의 글자들을 모두 '진하게'로 설정해 줍니다.

③ 각 셀의 높이와 너비를 보기 좋게 변경하고 '좋음', '보통', '나쁨', '매우 나쁨'의 셀 배경색을 '파랑색', '초록색', '주황색', '빨간색' 계열로 변경하고 글자(흰색)으로 설정합니다.

※ 한 개의 셀이 선택이 잘 되지 않으면 블록 지정하고자 하는 셀을 클릭한 후, [F5] 키를 누르게 되면 블록 지정이 됩니다.

④ 표의 선 색상을 변경해 봅니다. 먼저 표를 전체 블록을 지정한 다음 [L] 키를 눌러 [셀 테두리/배경] 대화상자가 나오는 것을 확인 할 수 있습니다. [셀 테두리/배경] 대화상자가 나오는 것을 확인 할 수 있습니다.

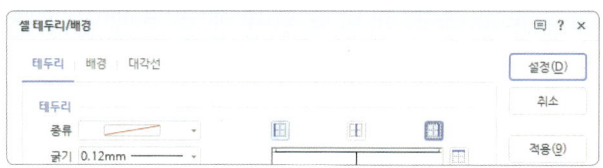

⑤ 테두리를 설정하기 위해 종류(없음), '왼쪽 테두리', '오른쪽 테두리'를 각각 선택한 후, 미리보기를 확인하고 <설정> 단추를 클릭합니다.

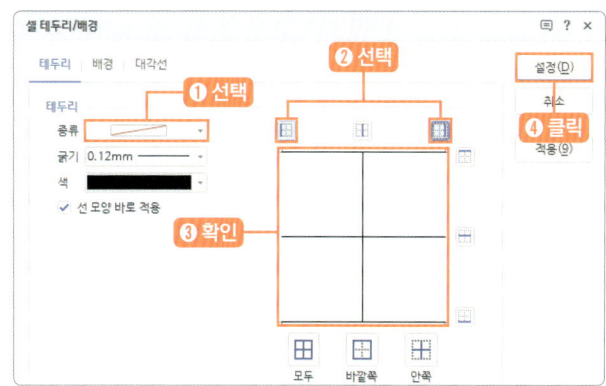

⑥ 제목 줄을 영역지정한 후, [L] 키를 누른 다음 [셀 테두리/배경] 대화상자에서 테두리 종류를 투명으로 하여 '안쪽 세로 테두리'를 없애 줍니다. 그리고 다시 [L] 키를 누르고 [셀 테두리/배경] 대화상자에서 테두리 종류(실 선), 굵기(0.7mm), 색(하늘색)으로 선택하고 '위쪽 테두리'를 선택하여 하늘색의 굵은 선을 만들어 줍니다.

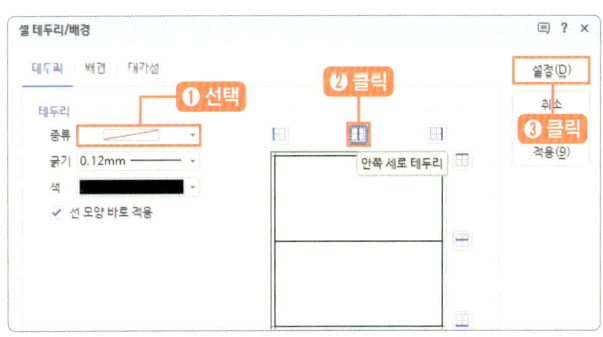

⑦ 제목 행을 제외한 나머지 셀을 블록 지정한 후, [L] 키를 눌러 '위쪽 테두리'와 '아래쪽 테두리'를 테두리 종류(실선), 굵기(0.4mm), 색(검정색)으로 선택한 다음 <설정> 단추를 클릭하여 표를 완성 시킵니다.

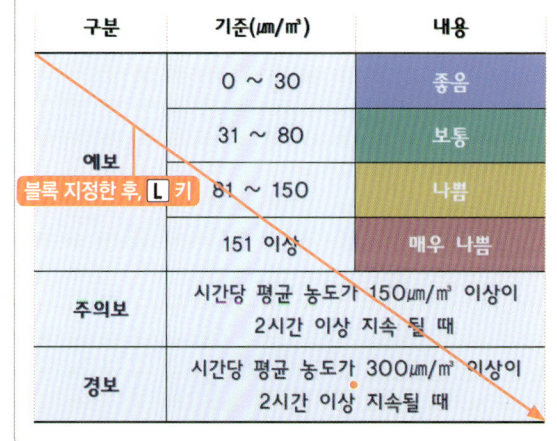

> TIP
> ● 색상 변경 시 [C] 키를 누를 때 색상은 영어로 Color이기 때문에 [C] 키를 누르고, 선 변경 시 [L] 키를 사용하는 것을 누르는 것은 선이 영어로 Line이기 때문에 [L] 키를 누른다고 생각하면 단축키를 외우기 쉽습니다.

연습문제

CHAPTER 11

 1 ■ 불러올 파일 : 없음   ■ 완성된 파일 : 11장 연습하기 01(완성).hwp

표의 편집 기능을 이용하여 미세먼지 예보 등급별 행동 요령 표를 완성해 봅니다. 결과 화면과 동일하게 작성해 봅니다. 글꼴은 'HY견고딕'과 '한컴 윤체 230'을 사용하였습니다.

미세먼지 예보 등급별 행동 요령					
예보구간		좋음	보통	나쁨	매우 나쁨
미세먼지 PM10 농도 (㎍/㎥ 일)		0~30	31~80	81~150	151~
행동 요령	노약자		실외 활동 시 특별히 행동 제약 없으나 몸 상태에 따라 유의하여 활동	장시간·무리한 실외 활동 제한, 천식환자는 실외 활동 시 흡입기 더 자주 사용할 필요가 있음	가급적 실내 활동, 실외 활동 시 의사와 상의
	일반			장시간·무리한 실외 활동 제한, 눈이 아프거나 기침, 목의 통증으로 불편한 사람은 실외 활동 피해야 함	장시간·무리한 실외 활동 제한, 기침이나 목의 통증 등이 있는 사람은 실외활동을 피해야 함

출처 - 한국환경공단 에어코리아

 2 ■ 불러올 파일 : 없음   ■ 완성된 파일 : 11장 연습하기 02(완성).hwp

미션 예시를 참고하여 우리 반의 시간표를 작성해 봅니다. 다양한 색상과 폰트, 셀 병합을 이용하여 꾸며봅니다. 대각선 기능도 찾아서 적용해 봅니다.

6학년 1반 시간표

	월	화	수	목	금
1교시	국어	체육	영어	사회	수학
2교시	수학	영어	체육	국어	과학
3교시	음악	국어	국어	수학	도덕
4교시		과학	음악	사회	국어 (도서관)
	점심시간				
5교시	사회	사회	창체	체육	미술
6교시	통합 (컴퓨터)	한문			
7교시				과학	

MEMO

CHAPTER 12 미세먼지 그래프 그리기

- 에어코리아 홈페이지에서 가져온 시도별 대기정보 데이터를 이용하여 차트를 만들어 봅니다.
- 차트를 생성하고 디자인할 수 있습니다.

■ 불러올 파일 : 미세먼지 그래프.hwp   ■ 완성된 파일 : 미세먼지 그래프(완성).hwp

오늘 배울 기능
차트 입력, 차트 디자인

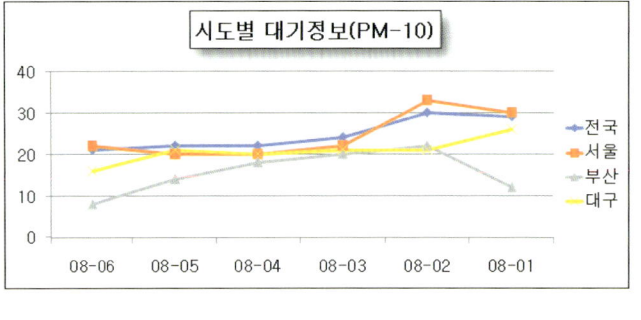

시도별 대기정보(PM-10)

날짜	전국	서울	부산	대구	인천	광주	대전	울산
08-06	21	22	8	16	25	20	19	13
08-05	22	20	14	21	20	19	29	20
08-04	22	20	18	20	22	14	25	23
08-03	24	22	20	21	25	17	24	26
08-02	30	33	22	21	33	22	36	30
08-01	29	30	12	26	37	22	35	21
07-31	28	29	21	28	29	19	31	27

데이터 출처 - 에어코리아

스토리 소개

- 에어코리아 홈페이지의 [실시간 자료 조회]-[시도별 대기정보]에서 7일간 자료를 가지고와 주요 도시의 미세먼지 현황 그래프를 작성해 봅니다.

1 차트 만들기

① '미세먼지 그래프.hwp' 파일을 불러옵니다.

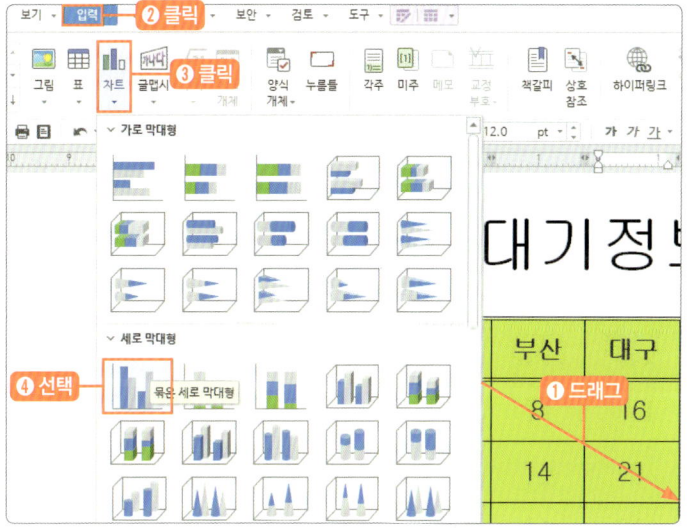

② 노란색으로 채워져있는 셀의 범위를 블록 지정한 후, [입력] 탭-[차트]-[묶은 세로 막대형]을 선택합니다.

③ [차트 데이터 편집] 대화상자가 나오면서 차트가 생성된 것을 확인 할 수 있습니다. 이어서, [차트 데이터 편집] 대화상자를 종료합니다.

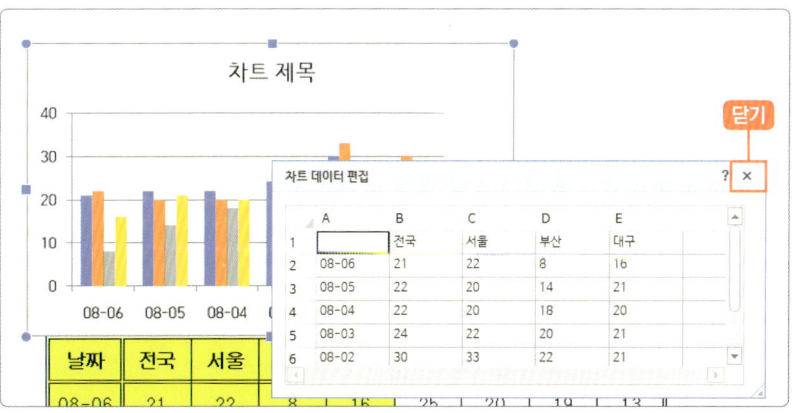

❹ 차트를 클릭하면 나오는 [차트 디자인] 탭과 [차트 서식] 탭 중에서 [차트 서식] 탭을 선택하여 '글자처럼 취급'을 눌러줍니다. 그리고 차트를 표 아래로 배치합니다.

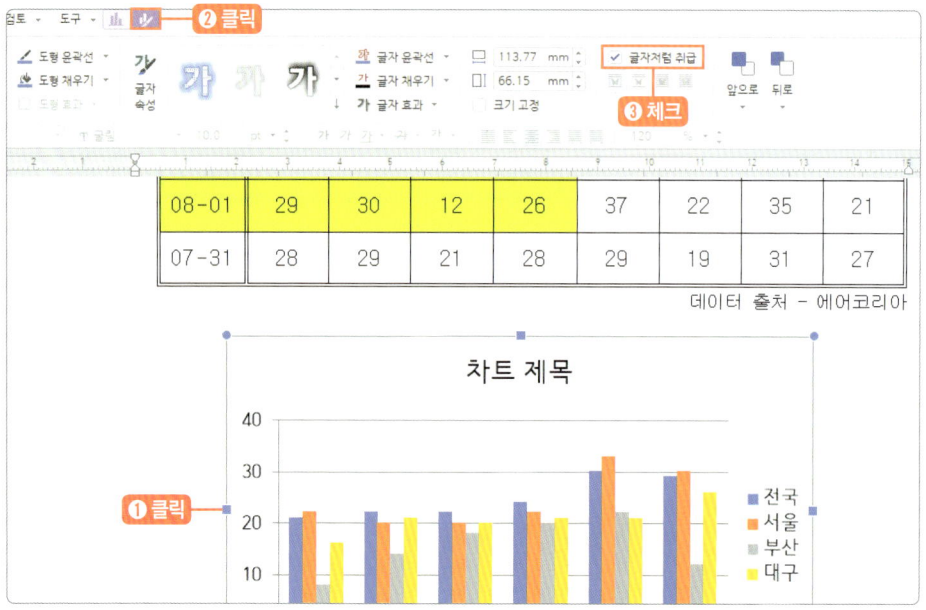

2 차트 디자인 및 서식 변경

❶ [차트 디자인] 탭에서 [차트 종류 변경]을 선택한 후, '표식이 있는 꺾은선형'을 선택합니다. 차트가 세로 막대형에서 꺾은선형으로 변하는 것을 확인 할 수 있습니다.

❷ 차트의 크기를 표의 너비만큼 변경합니다.

❸ 차트의 제목을 변경하기 위하여 차트를 먼저 클릭합니다. 이어서, 다시 한 번 '차트 제목'을 클릭하고 마우스 오른쪽 단추를 눌러 [제목 편집]을 클릭합니다.

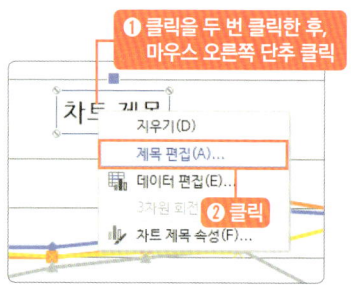

❹ [차트 글자 모양] 대화상자에서 [글자 내용]을 '시도별 대기정보(PM-10)'으로 입력하고 [언어별 설정]을 한글 글꼴(돋움)과 영어 글꼴(돋움), 속성(진하게)를 선택한 후, <설정> 단추를 클릭하여 제목 편집을 마무리합니다.

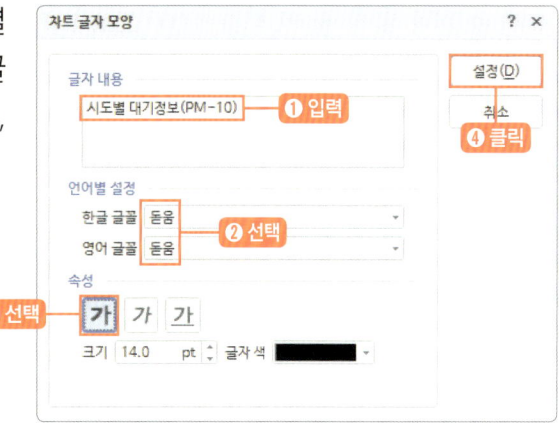

❺ [차트 서식] 탭의 도구 모음에서 도형 윤곽선(검정색), 도형 채우기(흰색), [도형 효과]-[그림자]에서 [바깥쪽]-'대각선 아래'를 선택하여 제목을 디자인합니다.

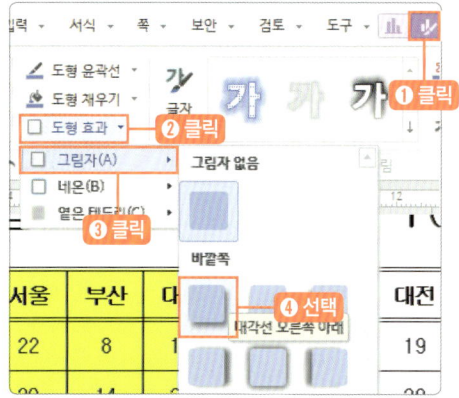

❻ [차트 서식]-[차트 요소]의 '차트 영역'을 선택하고, [도형 채우기]-[질감]의 '모눈종이'를 선택하여 차트 영역을 채워 넣습니다.

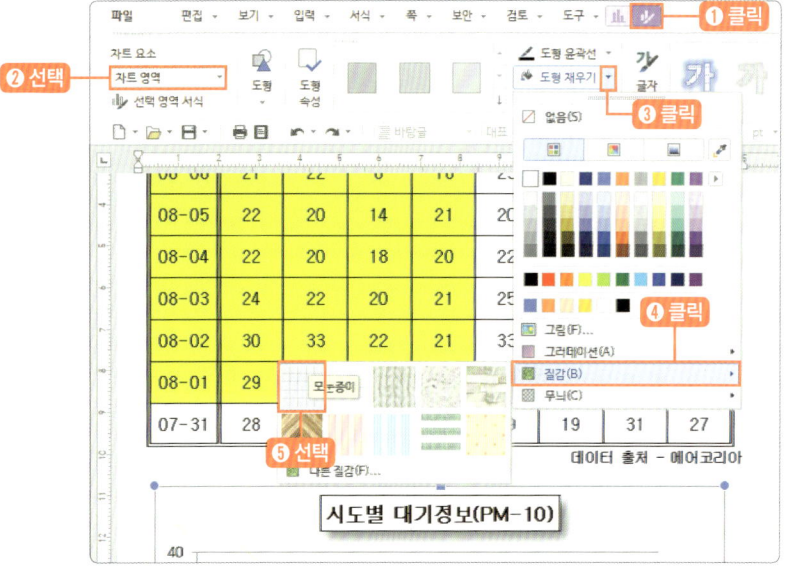

❼ 값 축, 항목 축, 범례를 각각 선택하여 '글자 모양 편집'을 눌러 글꼴(돋움), 글자 크기(11pt)로 변경하여 문서를 완성합니다. 본인의 폴더에 '미세먼지 그래프.hwp'로 저장합니다.

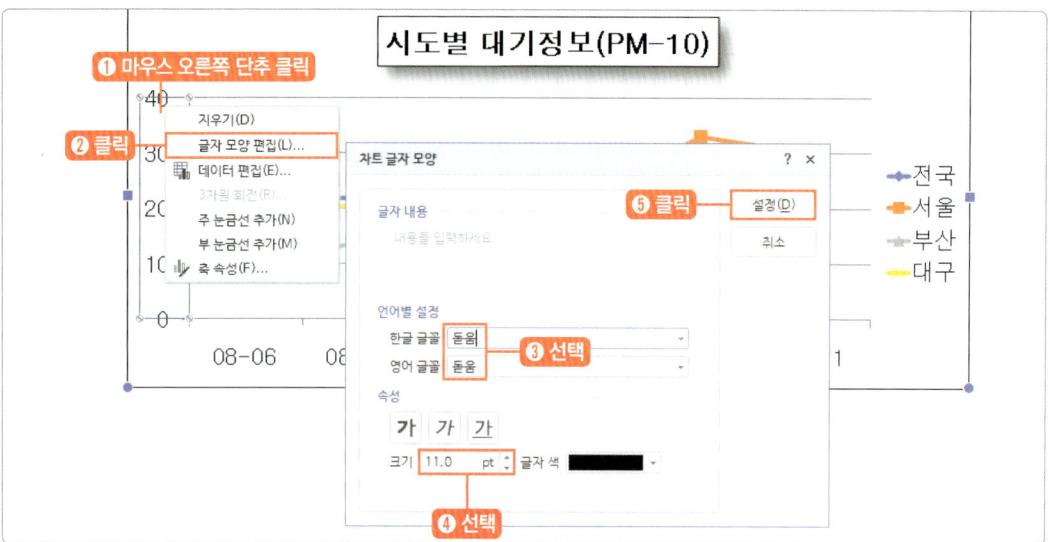

CHAPTER 12

1 ■ 불러올 파일 : 연습하기 01.hwp   ■ 완성된 파일 : 12장 연습하기 01(완성).hwp

'3차원 원형' 차트를 이용하여 우리반 혈액형 비율 결과를 나타내 봅니다. 단, 총인원 데이터는 사용하지 않습니다.

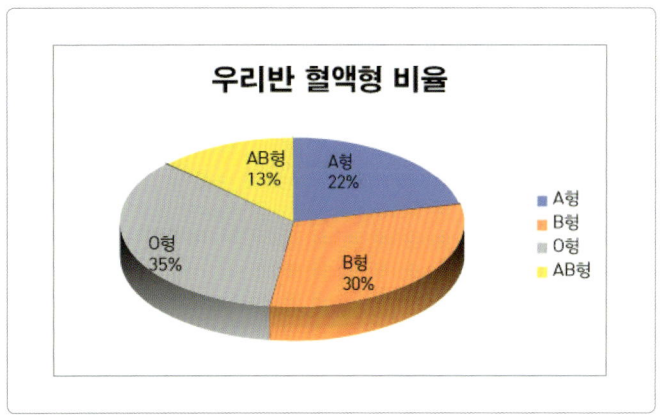

2 ■ 불러올 파일 : 연습하기 02.hwp   ■ 완성된 파일 : 12장 연습하기 02(완성).hwp

우리반 친구들이 좋아하는 음식에 대한 설문조사 결과를 차트로 나타내 보고, 선호도가 가장 높은 음식과 낮은 음식을 표시해 봅니다.

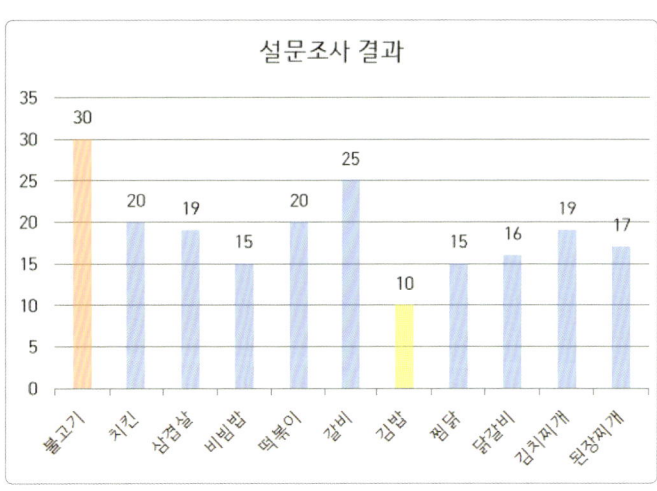

CHAPTER 12_ 미세먼지 그래프 그리기 • **083**

1

■ 불러올 파일 : 중간평가 01.hwp   ■ 완성된 파일 : 중간평가 01(완성).hwp

지금까지 배운 기능들을 이용하여 결과 화면과 비슷하게 만들어 봅니다. 사용할 기능으로, 도형, 글맵시, 글자 모양, 문단 모양, 그림, 글상자를 이용합니다. 로고 만들기, 도형을 이용한 구분 선 만들기, 그림 넣고, 그림 위에 글상자 넣기 등의 기능들을 이용하여 '신문.hwp'를 완성해 봅니다.

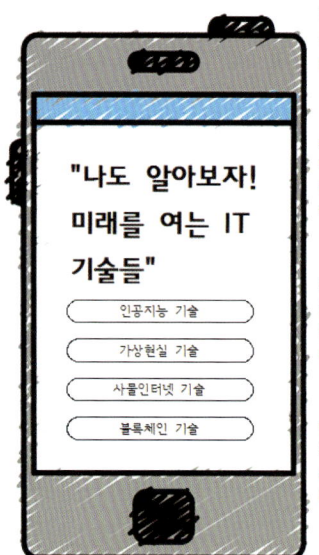

2 📁 불러올 파일 : 없음   📁 완성된 파일 : 중간평가 02(완성).hwp

완성된 파일을 보고 '우리 학교 학생들의 취미 조사 결과' 표와 차트를 만들어 문서를 완성해 봅니다. 제목은 글상자 기능을 이용하고, 표는 데이터와 똑같이 입력하여 그대로 작성해 봅니다. 차트는 '누적 세로 막대형'으로 작성하고, '스타일3'으로 설정합니다.

취미 \ 학년	1학년	2학년	3학년	4학년	5학년	6학년
축구	10	12	8	6	5	4
농구	8	9	6	5	5	2
독서	5	6	5	5	5	4
미술	4	4	3	3	3	3
음악	3	4	5	6	3	4
게임	2	2	3	2	3	3
수집	1	1	2	1	2	3
요리	0	1	1	2	0	1
그 외 기타	2	4	2	2	4	1

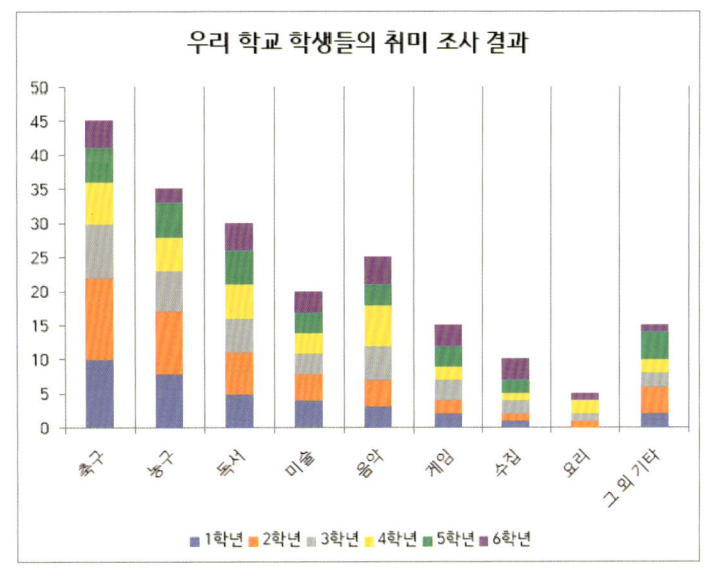

CHAPTER 13 글로벌 명함

- 글상자를 삽입하고 복사한 후, 설정을 변경해 봅니다.
- 한글로 입력된 문장을 영문으로 번역해 봅니다.

■ 불러올 파일 : 글로벌 명함.hwp   ■ 완성된 파일 : 글로벌 명함(완성).hwp

완성작품 미리보기

오늘 배울 기능
글상자 삽입, 글상자 속성 편집, 번역

스토리 소개

글상자를 활용해 한글 명함을 만들어 보고 글로벌 시대에 맞춰 번역 기능을 활용해서 다양한 언어로 번역해 봅니다. 다양한 나라의 친구들에게 내 소개를 간단하게 할 수 있습니다.

1 글상자를 그리고 속성 변경하기

❶ '글로벌 명함.hwp' 파일을 불러옵니다.

❷ [입력] 탭-[가로 글상자()]를 클릭한 후, 마우스 포인터가 + 모양으로 변경되면 명함 위에 드래그해서 삽입합니다.

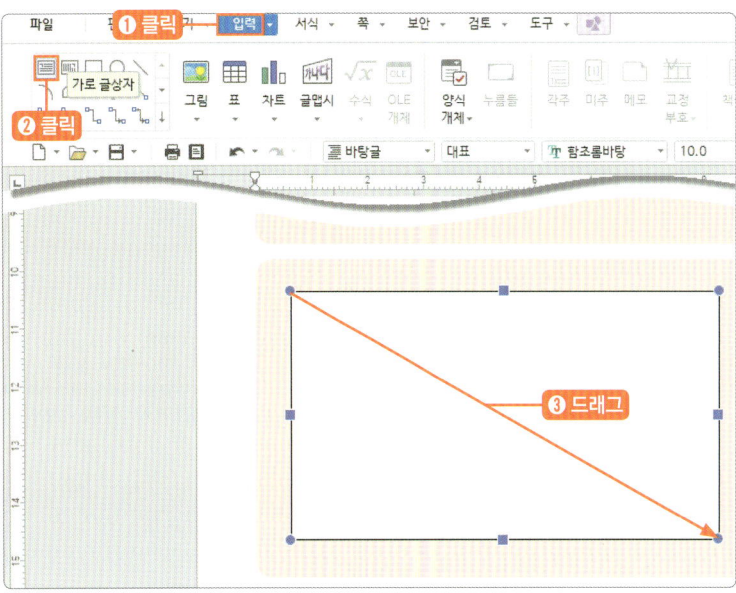

❸ 글상자의 테두리를 더블클릭한 후, [개체 속성]-[선] 탭에서 '선(없음)', '사각형 모서리 곡률(둥근 모양)'으로 선택합니다.

❹ 이어서, [개체 속성]-[채우기] 탭에서 '무늬 색(주황 80% 밝게)', '무늬 모양(체크무늬)'로 선택한 후, <설정> 단추를 클릭합니다.

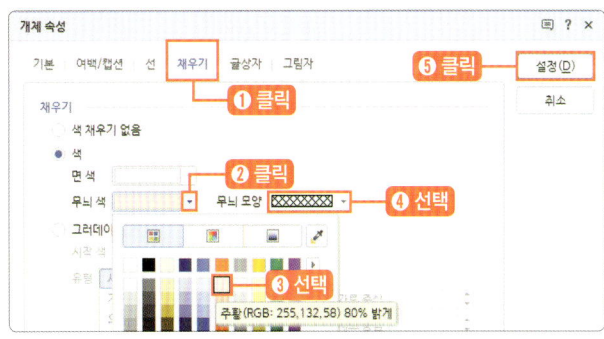

⑤ 글상자에 텍스트를 다음과 같이 입력한 후, 블록 지정을 하고 글꼴(한컴 윤고딕240), 글자 크기(10pt)로 변경합니다.

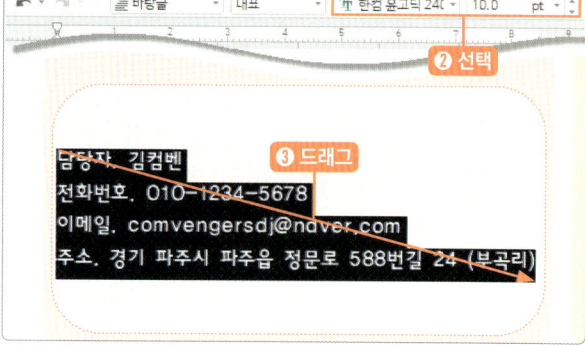

⑥ 글상자를 선택하고 Ctrl 키를 누른 채 드래그해서 2개 복사합니다.

2 문서 번역하기

① 한글로 작성된 '담당자. 김컴벤'를 블록 지정하고 [도구] 탭-[번역]-[선택 영역 번역]을 선택합니다. 번역을 계속할 것인지 묻는 대화상자가 표시되면 [번역]을 클릭합니다.

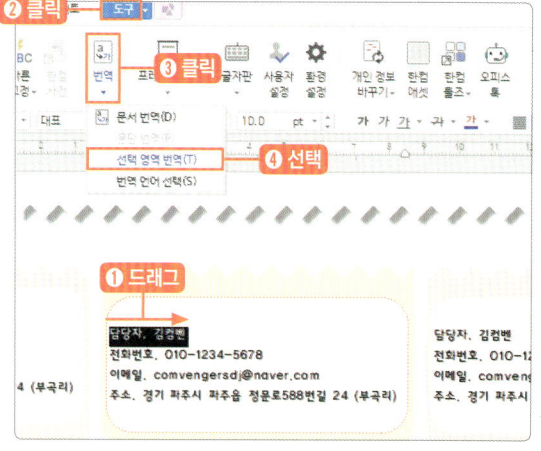
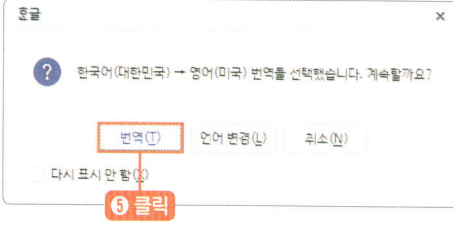

❷ 오른쪽에 [번역] 창이 표시되면 '한국어(대한민국)'과 '영어(미국)'으로 선택하고 <번역> 단추를 클릭합니다.

※ [번역] 창에서 원하는 언어로 번역이 되었다면 <번역> 단추를 클릭할 필요가 없습니다.

❸ 번역 창에 표시된 번역 결과를 클릭한 후, [덮어쓰기]를 선택합니다. 한글이 영어로 번역되어 표시되는 것을 확인할 수 있습니다.

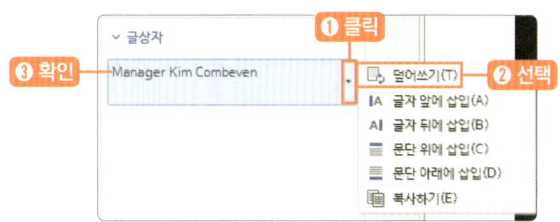

❹ 같은 방법으로 '전화번호, 이메일, 주소~' 텍스트도 영어로 번역합니다.

※ 3번째 글상자는 '한국어(대한민국)'를 '일본어(일본)'로 번역 언어를 선택한 후, 번역합니다.

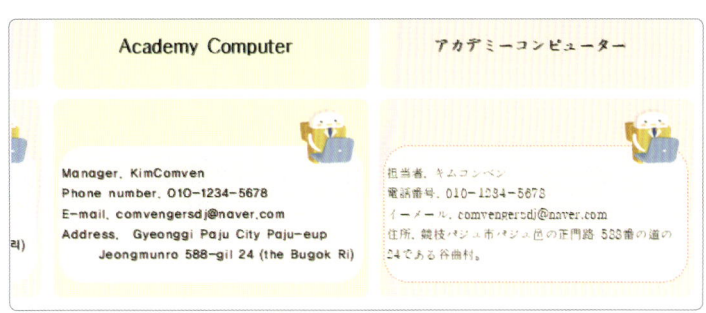

TIP
- [도구]-[번역]-[문서 번역]을 선택하면 파일 내 모든 글자가 단어별/문장별로 한 번에 번역되어 나타납니다.

❺ [입력] 탭-[그림]-[그리기마당]에서 '클립아트'를 삽입하고 배치해 완성합니다.

❻ [파일] 탭-[다른 이름으로 저장하기]를 클릭하고 대화상자가 나오면 본인의 폴더를 선택한 후, 이름을 '글로벌 명함'을 입력합니다. 이어서, <저장> 단추를 클릭합니다.

CHAPTER 13

1 📁 불러올 파일 : 연습하기 01.hwp   📁 완성된 파일 : 13장 연습하기 01(완성).hwp

글상자를 삽입한 다음 주간 일정표를 작성하고, 번역해 봅니다.

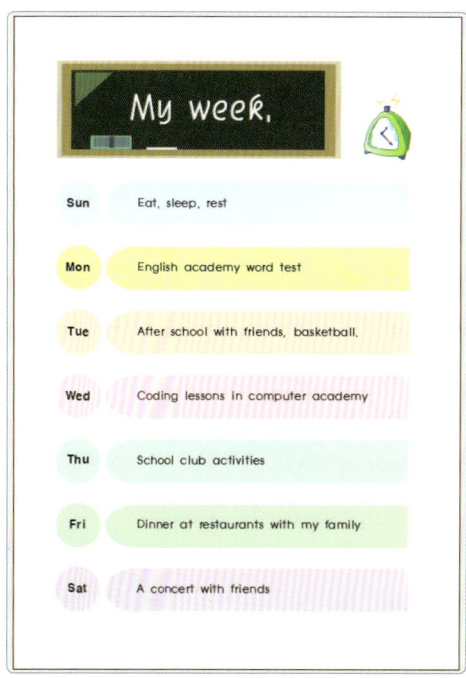

2 📁 불러올 파일 : 연습하기 02.hwp   📁 완성된 파일 : 13장 연습하기 02(완성).hwp

한글로 작성한 다음 영어로 번역하여 10문 10답을 완성해 봅니다.

CHAPTER 14 수학 쪽지시험지

학습목표
- 표를 추가하고 셀 속성을 변경해 봅니다.
- 한글로 입력된 문장을 영문으로 번역해 봅니다.

■ 불러올 파일 : 수학 쪽지시험지.hwp   ■ 완성된 파일 : 수학 쪽지시험지(완성).hwp

 **완성작품 미리보기**

{ 오늘 배울 기능 }
표 삽입, 셀 속성 편집, 수식 삽입

스토리 소개

텍스트로 작성하기 어려운 수식과 화학식은 수식 기능으로 편집해서 넣을 수 있습니다. 표 기능을 함께 활용한다면 텍스트와 수식 개체의 정렬을 쉽게 할 수 있습니다.

1 표 삽입하기

❶ '수학 쪽지시험지.hwp' 파일을 실행합니다.

❷ [입력] 탭-[표(▦)]를 클릭합니다. 이어서, [표 만들기] 대화상자가 나오면 '줄 개수(5), 칸 개수(6)', '글자처럼 취급'을 선택한 후, <만들기> 단추를 클릭합니다.

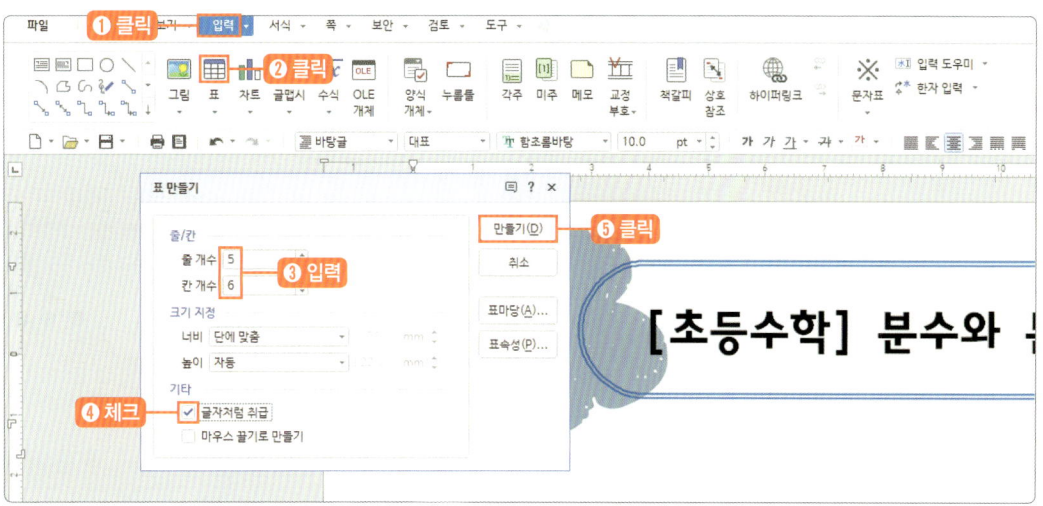

❸ 표가 삽입되면 전체 블록 지정 후 Ctrl + ↓ 키를 눌러 크기를 설정해 줍니다.
※ 표 전체 블록 지정 : F5 키 세 번

④ 표의 첫 번째 칸을 클릭한 다음 [입력] 탭-[문자표]-[문자표]를 클릭한 후, [문자표] 대화상자가 나오면 [사용자 문자표] 탭-[㉠ 원문자]에서 '①'을 선택하고 <넣기> 단추를 클릭합니다.

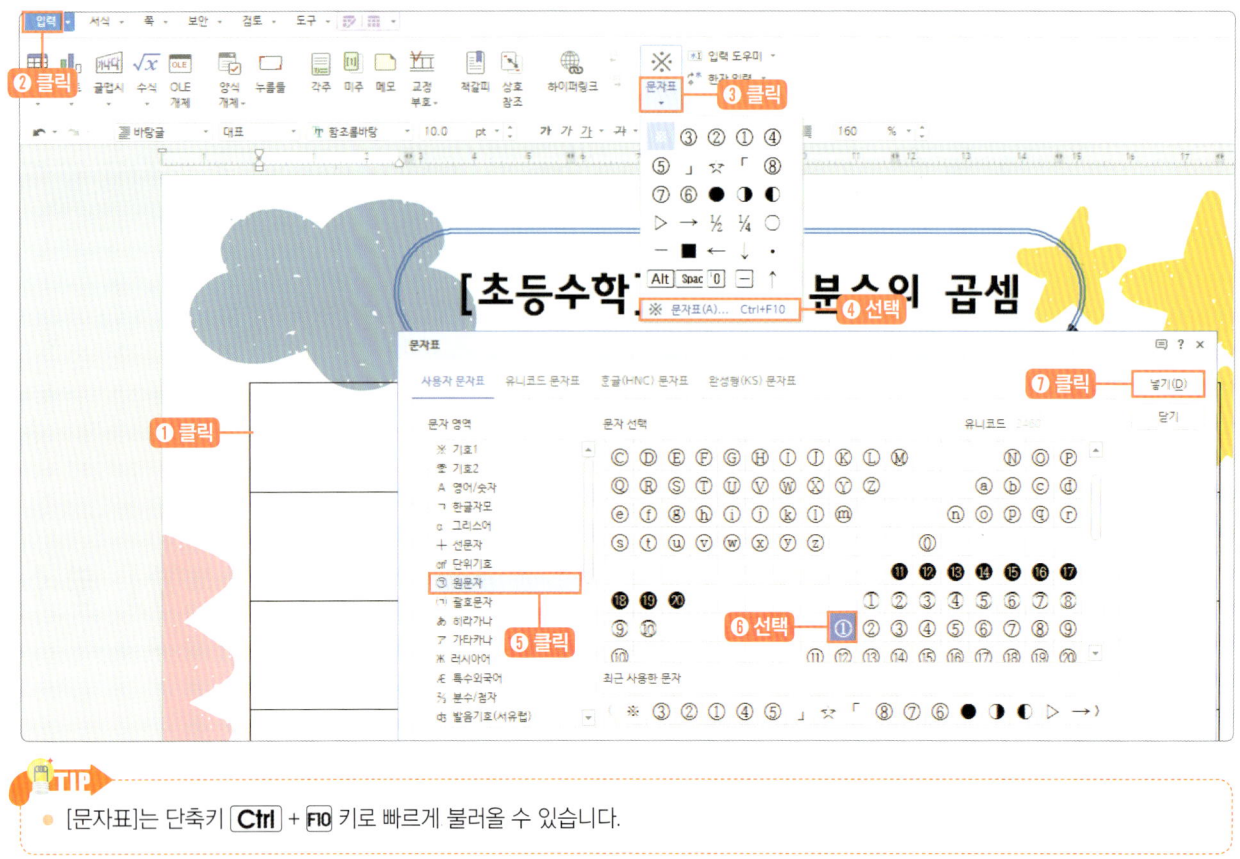

TIP
- [문자표]는 단축키 Ctrl + F10 키로 빠르게 불러올 수 있습니다.

⑤ 같은 방법으로 다음과 같이 각 셀에 '②~⑩'까지 입력하고 '가운데 정렬'로 맞춰 준 후, 셀 너비를 조절해 줍니다.

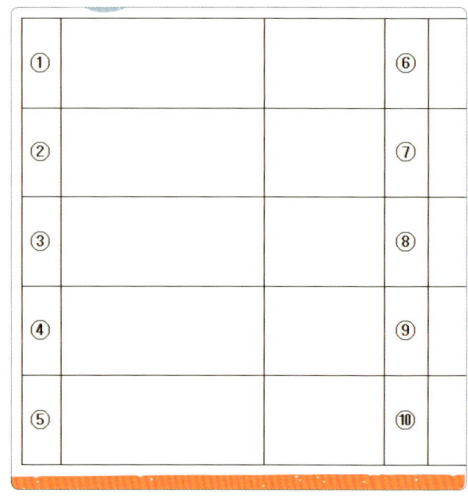

2 수식 입력하기

① 표의 첫 번째줄 두 번째 칸을 클릭합니다. 이어서, [입력] 탭-[수식($\sqrt{x}$)]를 클릭합니다. 이어서, [수식] 대화상자가 나오면 [분수(믐)] 아이콘을 클릭합니다.

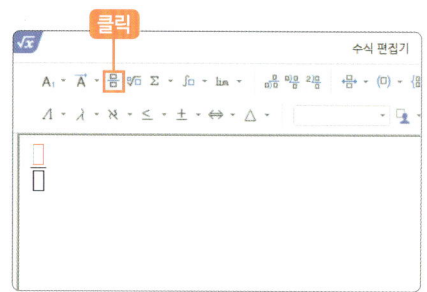

② 다음과 같이 숫자를 입력하고, [연산, 논리기호(±▾)] 아이콘을 클릭한 후, '×' 기호를 선택합니다.

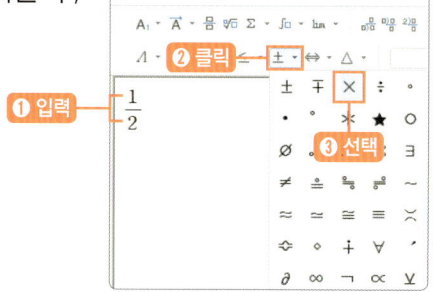

③ 나머지 숫자와 기호를 입력한 후, '글자 크기(20)'으로 입력하고 <나가기> 단추를 클릭합니다.

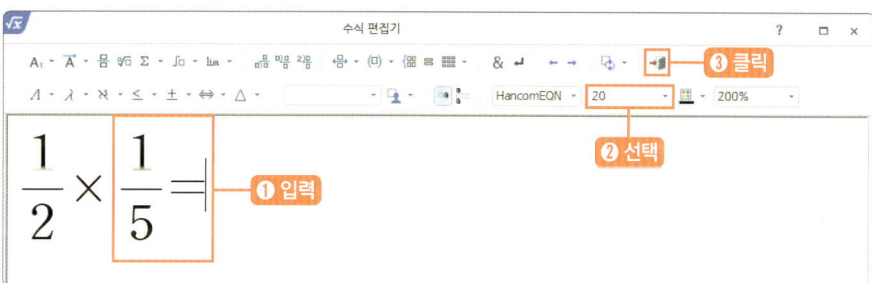

> **TIP**
> ● 수식 입력 시 키보드의 방향 키를 이용해 커서를 이동하면 정확한 위치 입력이 가능합니다.

④ 같은 방법으로 나머지 수식도 입력해줍니다.

①	$\dfrac{1}{2} \times \dfrac{1}{5} =$		⑥	$\dfrac{1}{36} \times \dfrac{4}{5} =$
②	$\dfrac{1}{4} \times \dfrac{2}{7} =$		⑦	$\dfrac{5}{12} \times \dfrac{7}{10} =$
③	$\dfrac{4}{5} \times \dfrac{5}{8} =$		⑧	$\dfrac{2}{3} \times \dfrac{7}{8} =$
④	$\dfrac{1}{20} \times \dfrac{1}{7} =$		⑨	$\dfrac{5}{12} \times \dfrac{7}{10} =$
⑤	$\dfrac{1}{11} \times \dfrac{1}{12} =$		⑩	$\dfrac{11}{25} \times \dfrac{5}{22} =$

3 셀 속성 변경하기

❶ 표 전체를 블록 지정하고 마우스 오른쪽 단추를 눌러 [셀 테두리/배경]-[각 셀마다 적용]을 선택합니다.

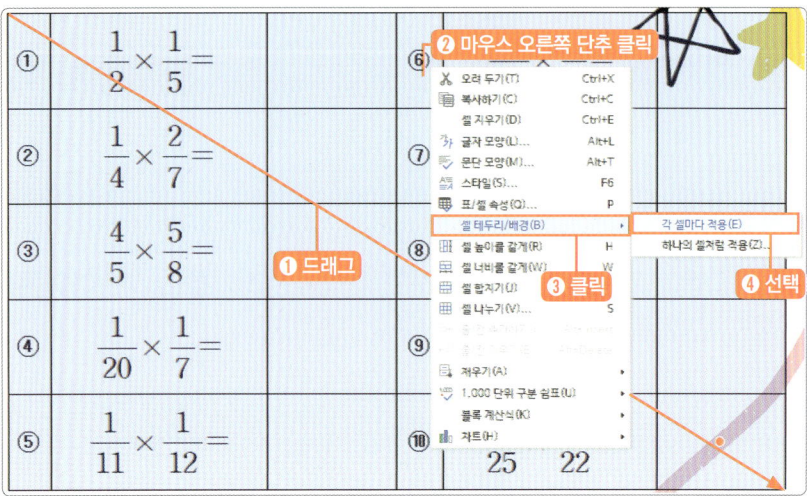

❷ [셀 테두리/배경] 대화상자의 [테두리] 탭에서 '종류(이중 실선), '색(임의의 색)'을 지정하고 '바깥쪽'을 선택한 후, <적용> 단추를 클릭합니다.

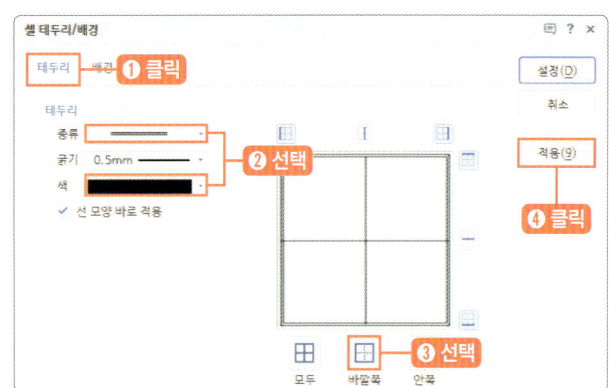

❸ 안쪽 테두리 설정을 위해 '종류(선 없음), '굵기(0.1mm)'로 지정하고 '안쪽'을 선택한 후, <설정> 단추를 클릭합니다.

> **TIP**
> • 블록 지정한 후, [L] 키를 누르면 [셀 테두리/배경] 대화상자를 빠르게 불러올 수 있습니다.

❹ [파일] 탭-[다른 이름으로 저장하기]를 클릭하고 대화상자가 나오면 본인의 폴더를 선택한 후, 이름을 '수학 쪽지시험지'를 입력합니다. 이어서, <저장> 단추를 클릭합니다.

CHAPTER 14

■ 불러올 파일 : 연습하기 01.hwp   ■ 완성된 파일 : 14장 연습하기 01(완성).hwp

표를 삽입한 후, 화학식을 입력하고 셀 속성을 변경해 봅니다.

■ 불러올 파일 : 연습하기 02.hwp   ■ 완성된 파일 : 14장 연습하기 02(완성).hwp

다음과 같이 수식 입력 연습을 해 봅니다.

(1) $1+\sqrt{3}=\dfrac{x^3-(2x+5)^2}{x^3-(x-2)}$

(2) $\displaystyle\int_a^b xf(x)dx=\dfrac{1}{b-a}\int_a^b xdx=\dfrac{a+b}{2}$

(3) $\dfrac{PV}{T}=\dfrac{1\times 22.4}{273}\fallingdotseq 0.082$

(4) $\Delta W=\dfrac{1}{2}m(f_x)^2+\dfrac{1}{2}m(f_y)^2$

(5) $\displaystyle\sum_{k=1}^{n}=\dfrac{1}{6}n(n+a)(2n+1)$

(6) $\dfrac{1}{d}=\sqrt{n^2}=\sqrt{\dfrac{3kT}{m}}$

(7) $\displaystyle\lim_{n\to 0}P_n=1-\dfrac{9^3}{10^3}=\dfrac{271}{1000}$

(8) $\sqrt{a^2}=a=\begin{cases}a(a\geq 0)\\-a(a<0)\end{cases}$

ITQ 자격증 수식 연습하기

(1) $1+\sqrt{3}=\dfrac{x^3-(2x+5)^2}{x^3-(x-2)}$

(2) $\displaystyle\int_a^b xf(x)dx=\dfrac{1}{b-a}\int_a^b xdx=\dfrac{a+b}{2}$

(3) $\dfrac{PV}{T}=\dfrac{1\times 22.4}{273}\fallingdotseq 0.082$

(4) $\Delta W=\dfrac{1}{2}m(f_x)^2+\dfrac{1}{2}m(f_y)^2$

(5) $\displaystyle\sum_{k=1}^{n}=\dfrac{1}{6}n(n+a)(2n+1)$

(6) $\dfrac{1}{d}=\sqrt{n^2}=\sqrt{\dfrac{3kT}{m}}$

(7) $\displaystyle\lim_{n\to 0}P_n=1-\dfrac{9^3}{10^3}=\dfrac{271}{1000}$

(8) $\sqrt{a^2}=a=\begin{cases}a(a\geq 0)\\-a(a<0)\end{cases}$

CHAPTER 15 주간 독서 기록장

- 표 자동 채우기 기능을 사용해 데이터를 입력해 봅니다.
- 셀 배경을 색, 무늬, 그림으로 채워봅니다.

📁 불러올 파일 : 주간 독서 기록장.hwp   📁 완성된 파일 : 주간 독서 기록장(완성).hwp

완성작품 미리보기

오늘 배울 기능
표 자동 채우기, 셀 배경 편집

스토리 소개

내가 읽은 책의 날짜와 책 이름, 표지, 기억에 문장 등을 표로 정리해서 기록해 봅니다.

1 표 자동 채우기

❶ '주간 독서 기록장.hwp' 파일을 실행합니다.

❷ 표에 입력된 '순' 문자 아래 칸에 '1'과 '2'를 입력한 후, 다음과 같이 블록 지정합니다.

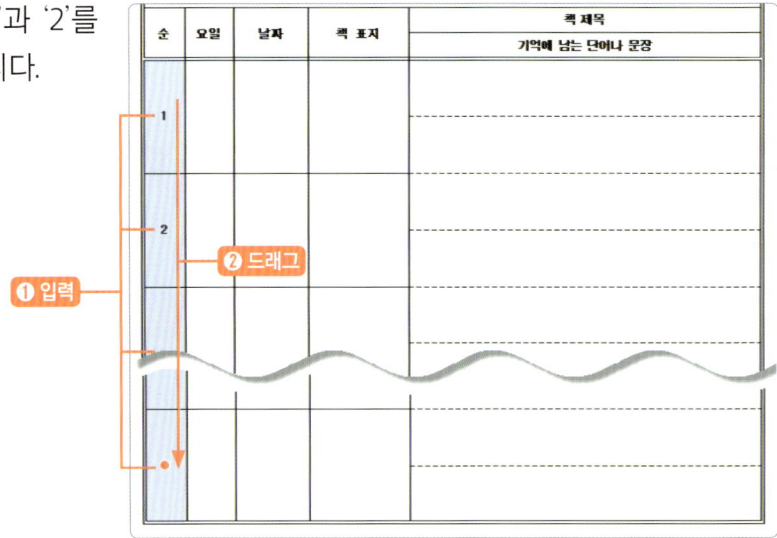

❸ 블록 위에 마우스 오른쪽 단추를 눌러 [채우기]-[표 자동 채우기]를 선택하면 자동으로 1에서 7까지 순서대로 데이터가 채워지는 것을 확인할 수 있습니다.

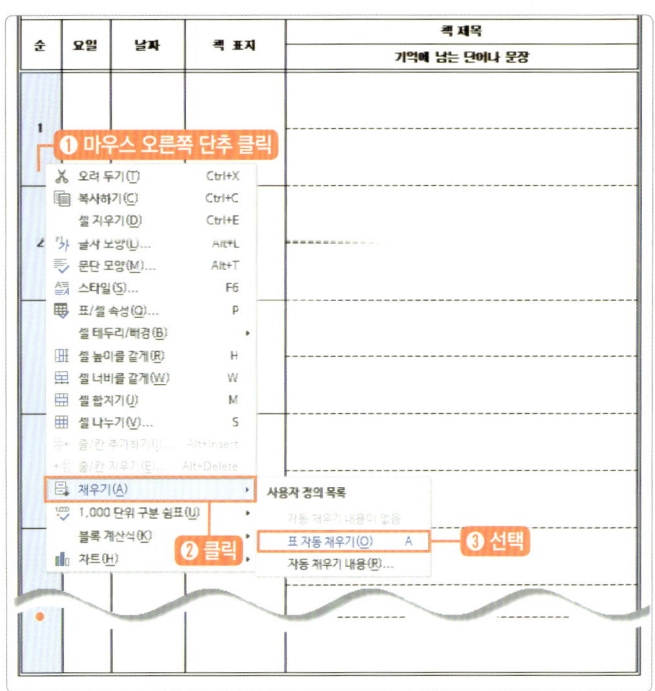

> **TIP**
> 일정 간격으로 숫자를 입력하고, 자동 채우기 기능을 사용하면 입력한 범위 간격으로 데이터가 채워집니다. 일정한 숫자 간격, [자동 채우기 내용]이 아닌 경우는 입력한 내용과 같은 내용이 자동으로 채워집니다.

④ 입력된 '요일' 아래 칸에 '월'을 입력하고 아래쪽까지 블록 지정한 후, 마우스 오른쪽 단추를 눌러 [채우기]-[자동 채우기 내용]을 선택합니다.

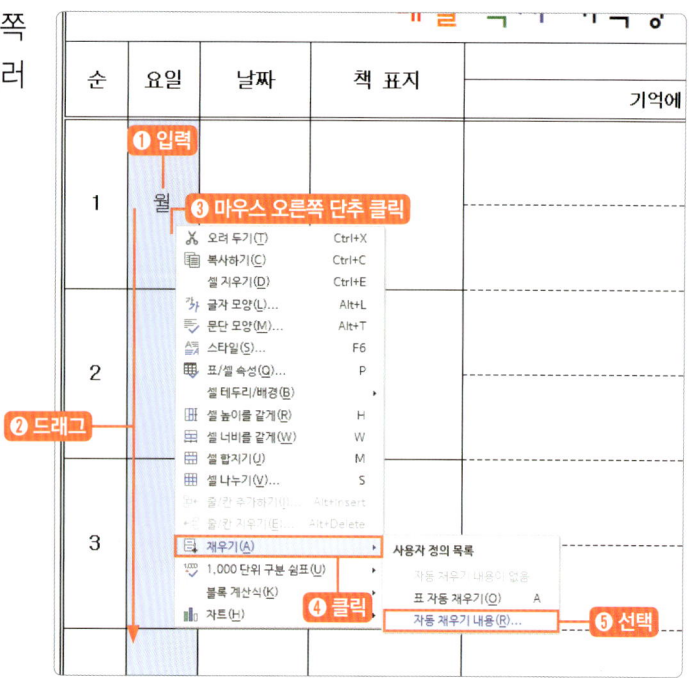

⑤ [자동 채우기 내용] 대화상자가 나오면 [기본] 탭-[월,화,수,목,금,토,일]을 선택하고, <채우기> 단추를 클릭합니다.

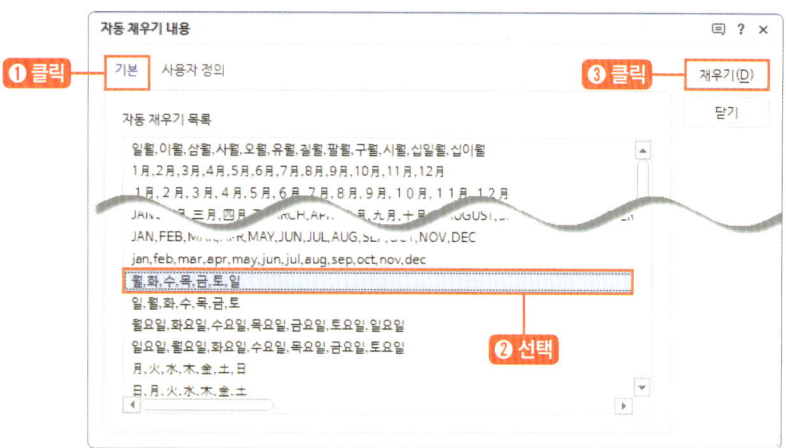

⑥ 입력된 '날짜' 아래 칸에 '월 일'을 입력하고 아래쪽까지 블록 지정한 후, 마우스 오른쪽 단추를 눌러 [채우기]-[표 자동 채우기]를 선택합니다.

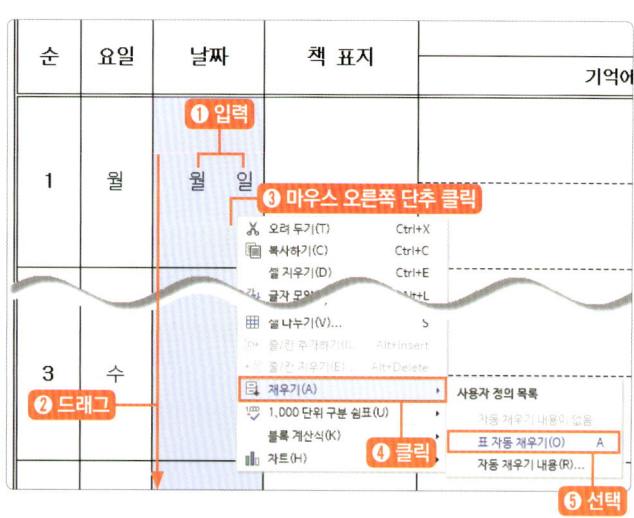

2 셀 테두리/배경 채우기

1 '매일 독서 기록장'이 입력된 셀을 클릭한 다음 F5 키를 누르고 마우스 오른쪽 단추를 눌러 [셀 테두리/배경]-[각 셀마다 적용]을 클릭합니다. 이어서, [배경] 탭의 '색'에서 '무늬 색(노랑)', '무늬 모양(체크)'로 선택하고 <설정> 단추를 클릭합니다.

2 '순 ~ 기억에 남은 단어나 문장' 범위를 블록 지정한 후, 같은 방법으로 '면 색(노랑)'으로 선택하고 <설정> 단추를 클릭합니다.

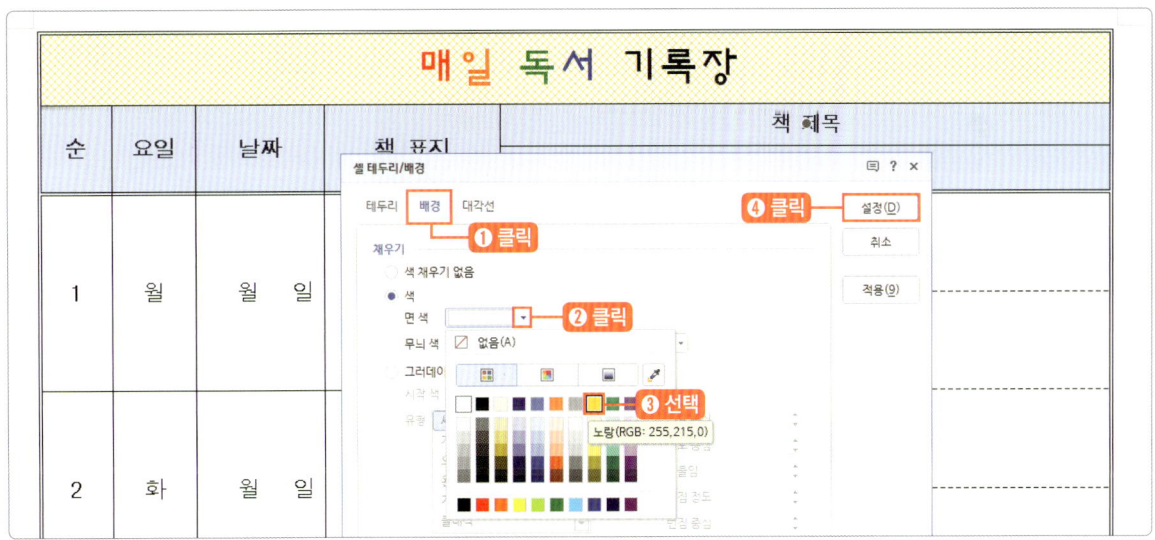

> **TIP**
> ● 셀 테두리/배경을 설정할 때 배경 단축키 C, 테두리 단축키 L을 사용하면 빠른 설정을 할 수 있습니다.

❸ 입력된 '책 표지' 아래 셀을 클릭한 다음 F5 키를 누른 후, C 키를 눌러줍니다. [배경] 탭-[그림]을 체크하고 '그림 삽입( )' 아이콘을 클릭해 '해와달.jpg' 이미지를 불러옵니다.

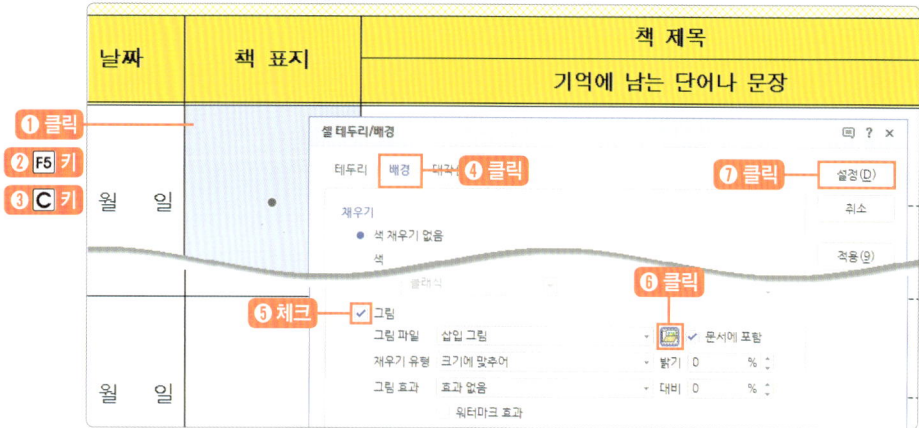

❹ 같은 방법으로 각 셀에 '금도끼', '혹부리' 이미지를 삽입하고 '날짜/책 제목/기억에 남는 단어나 문장'에 내용을 입력합니다.

날짜	책 표지	책 제목
		기억에 남는 단어나 문장
9월 1일		해와 달이 된 오누이
		"떡 하나 주면 안 잡아 먹지~"
9월 2일		금도끼 은도끼
		"이 도끼가 네 도끼냐?"
9월 3일		혹부리 영감
		"금은보화를 줄테니, 그 혹을 나에게 파시오"

TIP
● 그림 파일 삽입 시 그림이 사라지는 것을 막기 위해 그림을 삽입할 때 '문서에 포함'을 체크합니다. 만약, 그림을 넣을 때 '문서에 포함'을 선택하지 않았더라도 문서에 그림을 삽입한 이후에 [개체 속성]을 실행하여 문서에 포함할 수 있습니다.

❺ [파일]-[다른 이름으로 저장하기]를 클릭하고 대화상자가 나오면 본인의 폴더를 선택한 후, 이름을 '사자성어(완성)'을 입력합니다. 이어서, <저장> 단추를 클릭합니다.

CHAPTER 15

1 📁 불러올 파일 : 연습하기 01.hwp   📁 완성된 파일 : 15장 연습하기 01(완성).hwp

표를 삽입하고, 자동 채우기로 요일과 날짜를 입력해 봅니다.

2 📁 불러올 파일 : 연습하기 02.hwp   📁 완성된 파일 : 15장 연습하기 02(완성).hwp

표를 삽입하고, 요일과 '1교시~8교시'를 자동 채우기로 입력해 봅니다.

CHAPTER 16 태양계 조사하기

학습목표
- 그리기 마당에서 그림을 불러와 삽입해 봅니다.
- 인터넷 검색 기능을 활용해 조사 내용을 복사해 붙여 넣어봅니다.

📁 불러올 파일 : 태양계.hwp   📁 완성된 파일 : 태양계(완성).hwp

완성작품 미리보기

오늘 배울 기능
그리기 마당, 인터넷 검색 활용

스토리 소개

필요한 내용을 검색하고 내용을 복사해서 문서에 붙여 넣을 수 있습니다. 필요한 이미지도 그리기 마당에서 찾아 삽입하거나, 없는 그림은 클립아트를 검색해서 다운로드할 수 있습니다.

1 그리기 마당 활용하기

❶ '태양계.hwp' 파일을 실행합니다.

❷ [입력]-[그림]-[그리기마당]을 선택하고 <클립아트 다운로드> 단추를 클릭합니다.

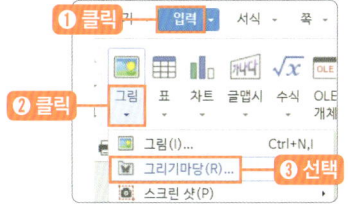 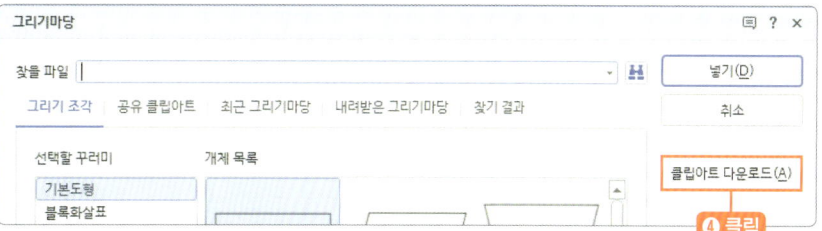

❸ [한컴 애셋] 대화상자가 나오면 검색 창에 '금성'을 입력하고 Enter 키를 눌러줍니다.

❹ 검색된 그림을 체크하고 <내려받기>를 클릭한 후, [한컴 애셋] 대화상자의 <닫기> 단추를 클릭해 줍니다.

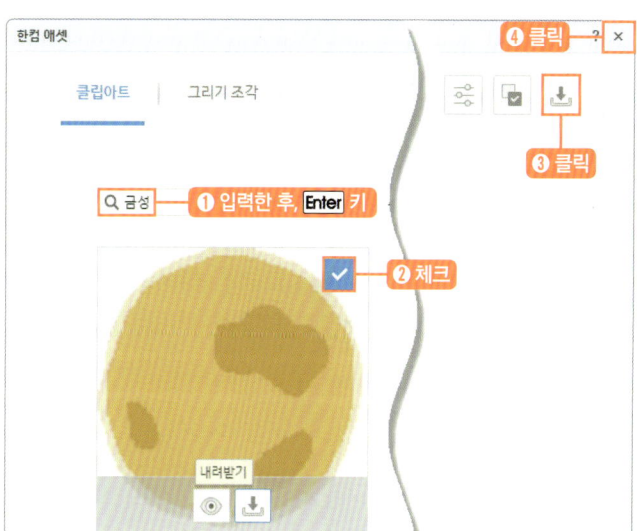

❺ [그리기마당] 대화상자의 [내려받은 그리기마당] 탭의 [공유 클립아트]에서 다운로드 받은 그림을 확인할 수 있습니다.

❻ 다운로드 된 '금성' 그림을 선택한 다음 <넣기> 단추를 클릭하고 드래그해서 삽입해 줍니다.

❼ 같은 방법으로 '지구, 화성, 목성, 토성, 천왕성, 해왕성'을 내려 받기 한 다음 문서에 삽입해 줍니다. (그림을 참고하여 순서와 크기 및 간격을 임의로 배치해 줍니다.)

2 인터넷 검색 활용하기

❶ 수성 설명이 입력된 글상자를 Ctrl 키를 누른 채 드래그해서 복사하고 글상자 안의 내용을 삭제합니다.

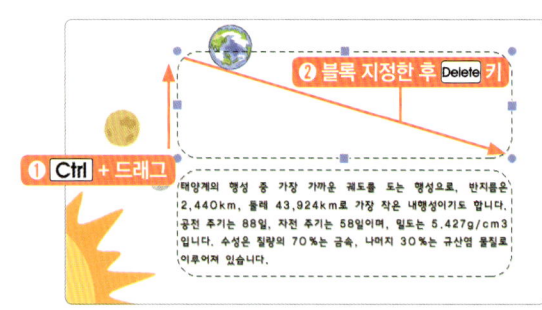

❷ 웹 브라우저(크롬 또는 엣지)를 이용하여 '네이버(https://naver.com)' 사이트에 접속한 후, 검색 창에 '금성'을 입력하고 Enter 키를 눌러 검색합니다.

❸ 검색된 금성의 내용 중 위키백과에서 검색된 '금성'을 클릭합니다.

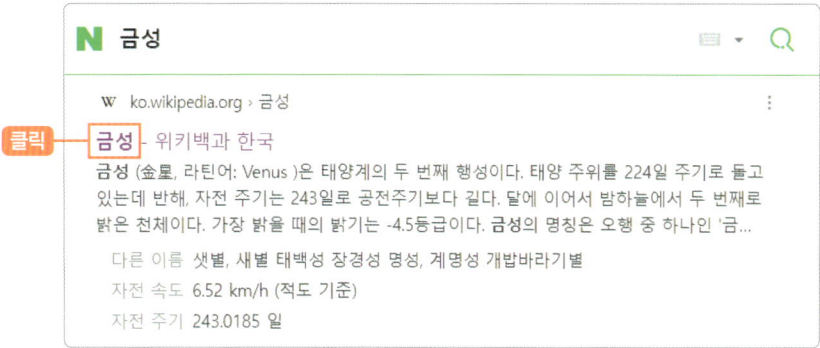

❹ 금성의 내용을 드래그해서 선택하고 마우스 오른쪽 단추를 눌러 [복사( )] 아이콘을 클릭해 내용을 복사합니다.

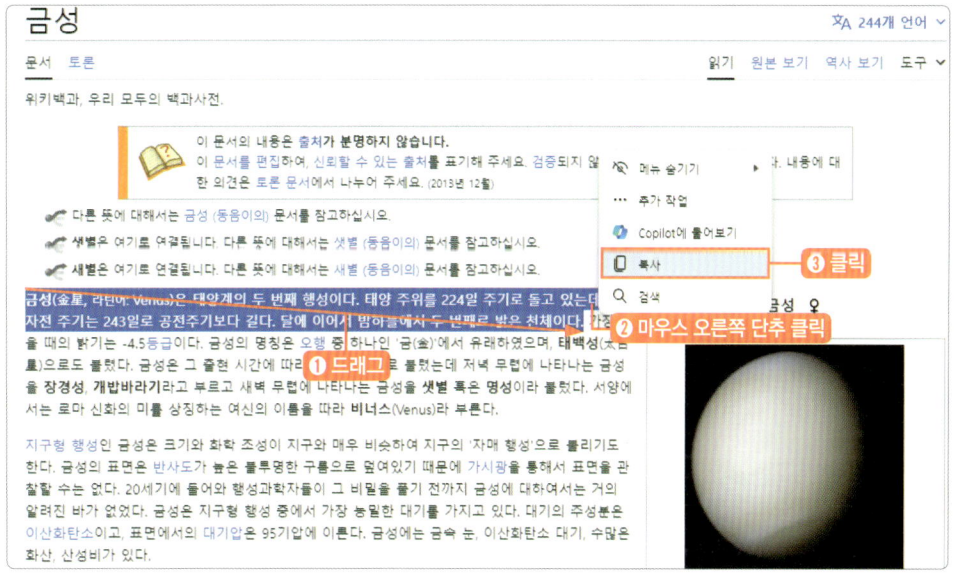

❺ 한글 문서로 돌아와 글상자에 마우스 오른쪽 단추를 눌러 [붙이기]를 클릭한 후, [HTML 문서 붙이기] 대화상자가 나오면 '텍스트 형식으로 붙이기'를 선택하고 <확인> 단추를 클릭합니다. 글자 양에 따라 글상자 크기를 조절해 줍니다.

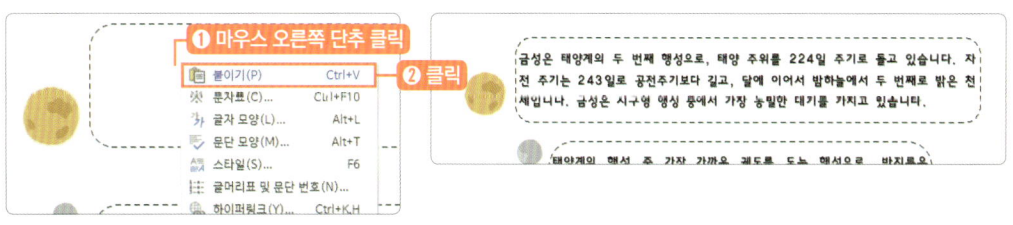

CHAPTER 16_ 태양계 조사하기 • **107**

❻ 같은 방법으로 '지구'에서 '해왕성'의 내용을 넣고 글상자를 배치해 봅니다.

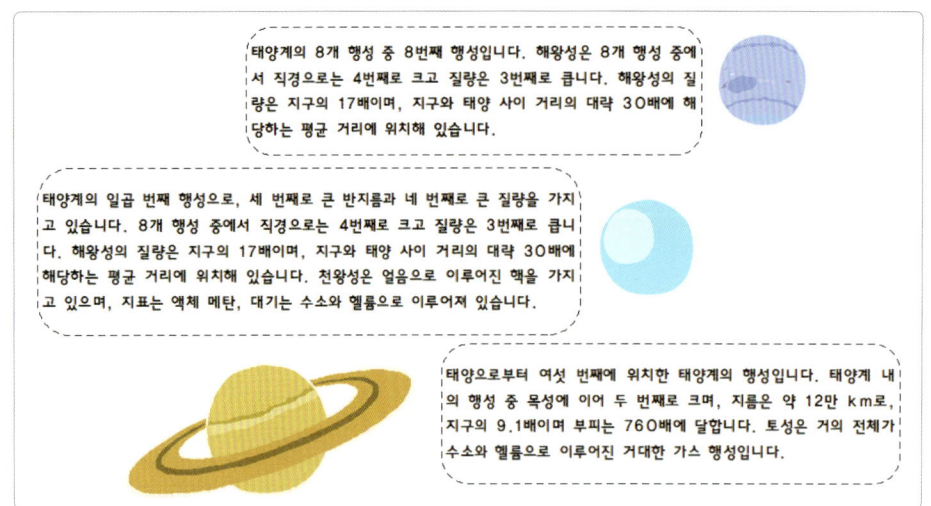

> **TIP**
> ● 온라인 환경이 아니면 [불러올 파일]-[CHAPTER 16]-'태양계 설명.txt'의 내용을 복사해서 사용해도 좋습니다.

❼ [파일] 탭-[다른 이름으로 저장하기]를 클릭하고 대화상자가 나오면 본인의 폴더를 선택한 후, 이름을 '태양계'로 입력합니다. 이어서, <저장> 단추를 클릭합니다.

CHAPTER 16

연습문제

1 ■ 불러올 파일 : 연습하기 01.hwp   ■ 완성된 파일 : 16장 연습하기 01(완성).hwp

그리기 마당과 인터넷 검색을 사용해서 다음 표를 완성해 봅시다.

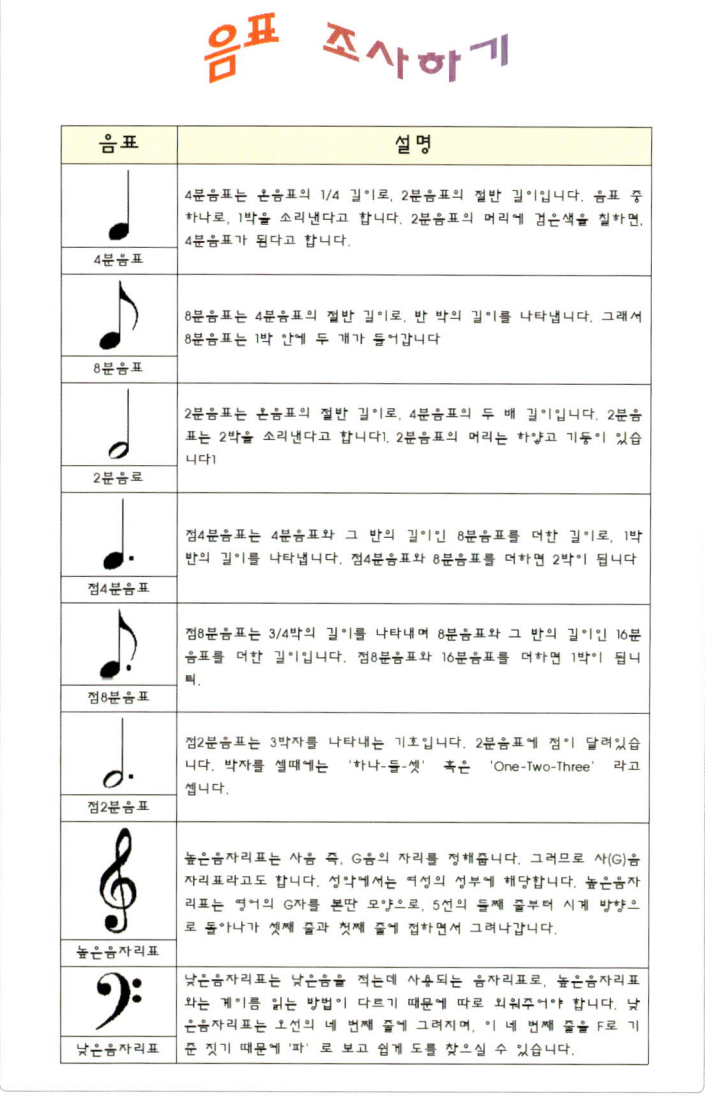

① [그리기마당]-[클립아트 다운로드]-[그리기 조각]에서 '음표, 높은음자리표, 낮음음자리표'를 검색해서 다운로드 합니다.

② 음표 그림을 '글자처럼 취급'하고 표 안에 삽입한 다음 이름을 입력해 줍니다.

③ 인터넷 검색 창에 음표 이름으로 검색한 후, 답변이 완성되면 복사하여 한글 파일에 붙여넣어 줍니다.
※ 온라인 환경이 아니면 [불러올 파일]-[CHAPTER 16]-'음표.txt'의 내용을 복사해서 사용합니다.

CHAPTER 17 태양계 조사 내용 정리하기

학습목표
- 표 안에 그림을 삽입해 봅니다.
- 스타일 기능을 활용해 글자/문단 모양을 미리 정해놓고 사용해 봅니다.

■ 불러올 파일 : 탐구 보고서.hwp   ■ 완성된 파일 : 탐구 보고서(완성).hwp

완성작품 미리보기

{ 오늘 배울 기능 }
그림 삽입, 스타일

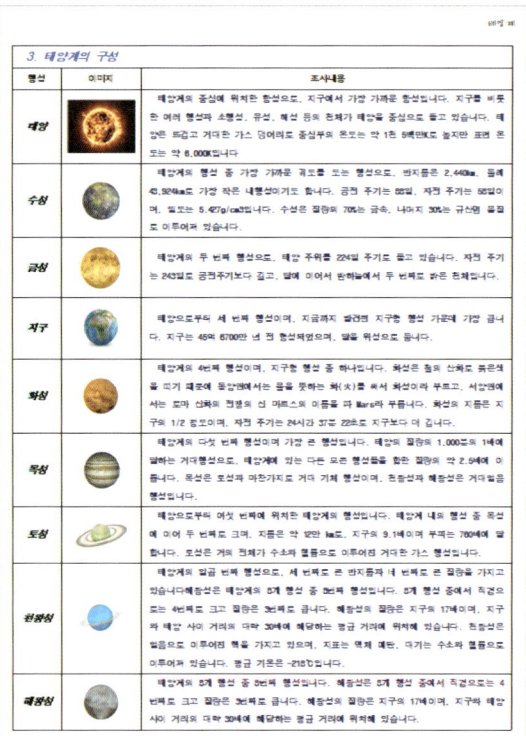

스토리 소개

탐구 보고서를 작성하는데 문서 정돈이 어렵다면, 표와 스타일 기능을 활용해 봅니다. 표 크기에 맞게 그림을 넣어보고, 스타일 기능으로 보고서의 내용을 통일감 있게 편집할 수 있습니다.

1 표 안에 그림 넣기

❶ '탐구 보고서.hwp' 파일을 실행합니다.

❷ '태양계란?' 글자가 입력된 셀 아래 칸을 클릭한 후, [입력] 탭-[그림( )]-[불러올 파일]-[CHAPTER 17]-'태양계.jpg'를 선택합니다. 이어서, '문서에 포함', '글자처럼 취급', '셀 크기에 맞추어 삽입'을 체크한 다음 <열기> 단추를 클릭합니다.

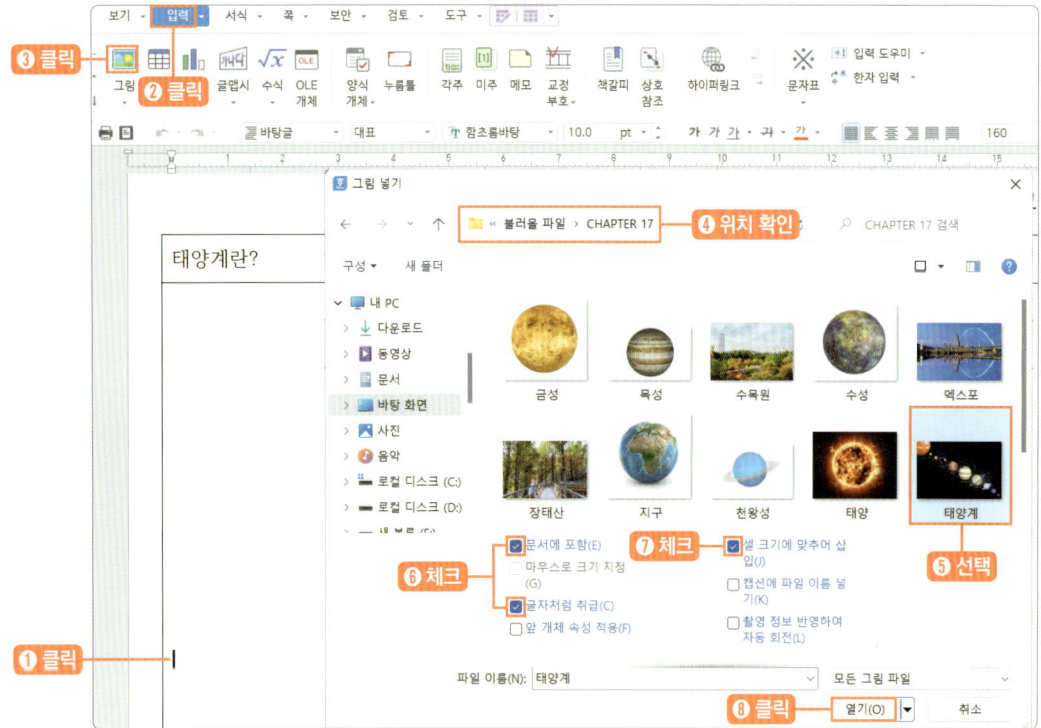

❸ 2페이지의 '이미지'가 입력된 셀 아래 칸에 같은 방법으로 행성 이미지를 삽입해 줍니다.

2 스타일 추가하기

① '태양계 탐구 보고서'를 블록 지정하고, F6 키를 눌러 [스타일] 대화상자를 불러옵니다. 이어서, [스타일 추가하기(+)] 버튼을 누른 다음 [스타일 추가하기] 대화상자가 나오면 스타일 이름(큰 제목)을 입력합니다.

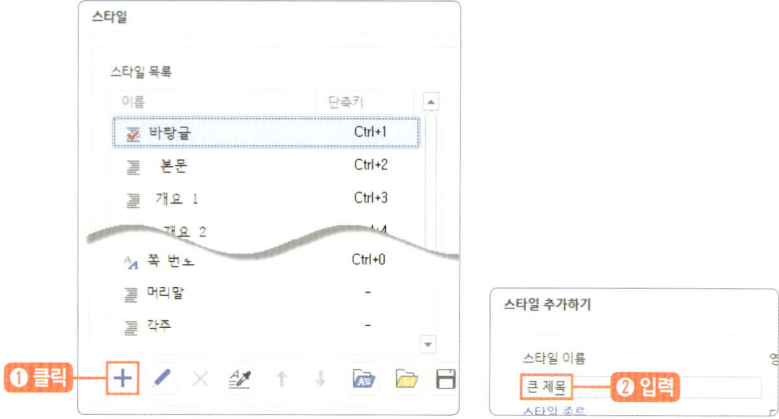

② [문단 모양...]을 클릭한 후, [문단 모양]-[기본] 탭-'정렬 방식(가운데 정렬)'을 클릭한 다음 <설정> 단추를 클릭합니다.

③ [글자 모양...]을 클릭해 [글자 모양]-[기본] 탭-'글꼴(MD아트체), 속성(진하게)'를 선택하고 <설정> 단추를 클릭합니다.

④ 다음과 같이 [스타일 목록]에 '큰 제목'이 추가된 것을 확인한 다음 <설정> 단추를 클릭합니다.

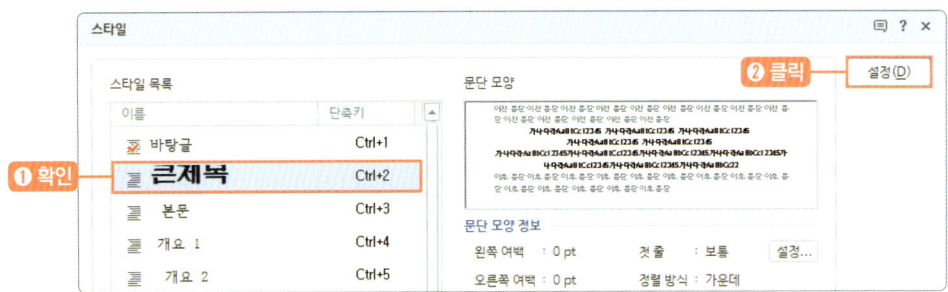

⑤ 같은 방법으로 '태양계는 태양을 ~ 위치하고 있습니다' 셀의 텍스트를 블록 지정한 후, 다음과 같이 스타일을 추가해 설정해 줍니다.
- **스타일 이름** : 내용
- **문단 모양** : 첫 줄 들여쓰기(10pt), 줄 간격(200%)
- **글자 모양** : 글꼴(돋움체), 진하게, 글자 색(검은 군청)

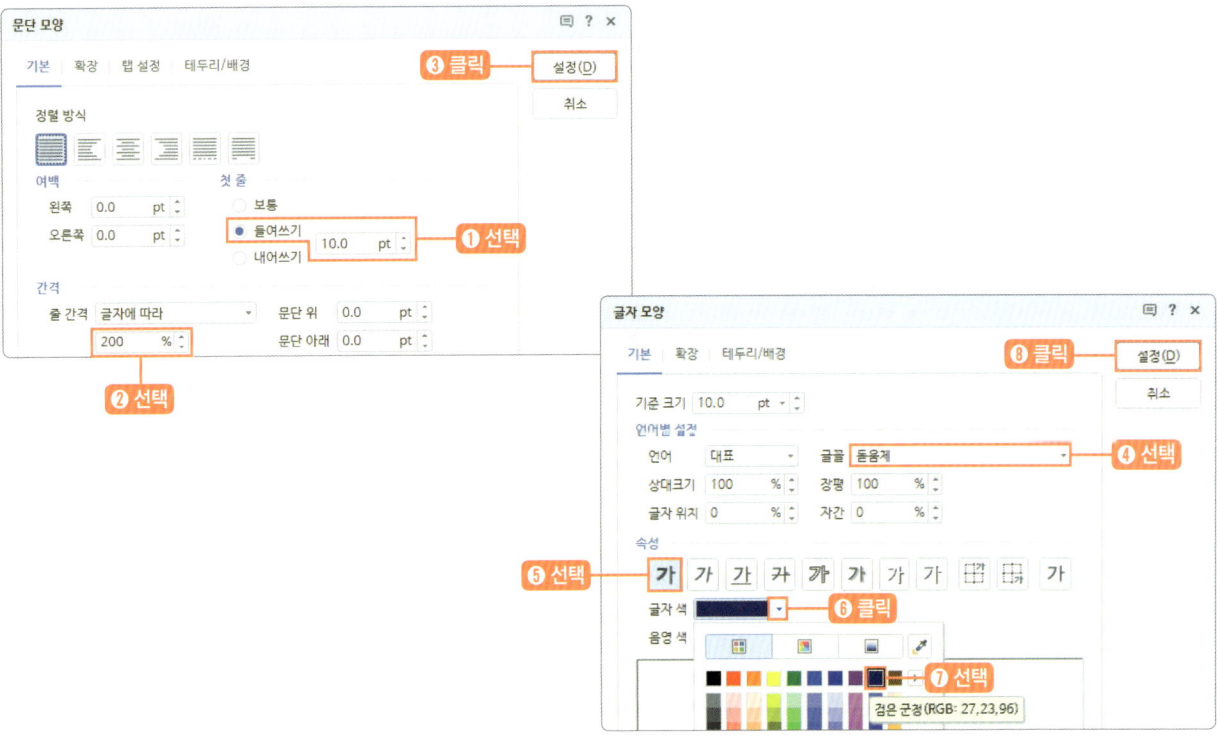

⑥ '행성은 ~ 알려져 있습니다.' 와 '조사내용' 아래 셀에 입력된 내용을 블록 지정하고 [서식 도구상자]-[스타일] 목록에서 '바탕글'을 클릭하여 '내용'으로 변경해줍니다.

3 스타일 편집하기

① 입력된 '태양계란?' 텍스트를 블록 지정하고, F6 키를 눌러 [스타일] 대화상자를 불러옵니다. 이어서, [스타일] 대화상자가 나오면 [스타일 목록]-[개요 1]을 선택한 다음 [스타일 편집하기(✏)]를 클릭합니다.

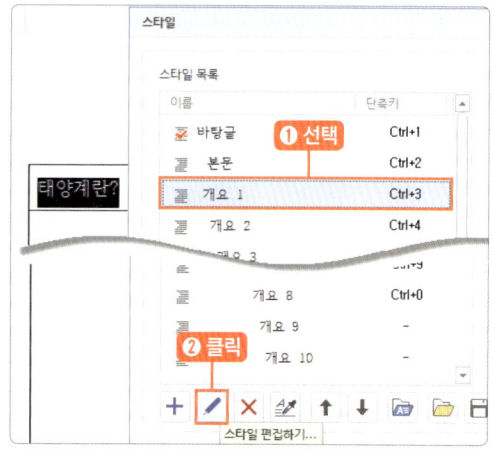

② [스타일 편집하기] 대화상자가 나오면 다음과 같이 스타일을 편집해줍니다. 스타일 편집이 완료되면 <설정> 단추를 클릭합니다.
- **글자 모양** : 글꼴(한컴돋움), 진하게, 기울임, 글자 색(파랑)

③ '행성이란?', '태양계의 구성' 텍스트를 각각 블록 지정한 후, [서식 도구 상자]-[스타일] 목록에서 '바탕글'을 '개요 1'로 변경해 줍니다.

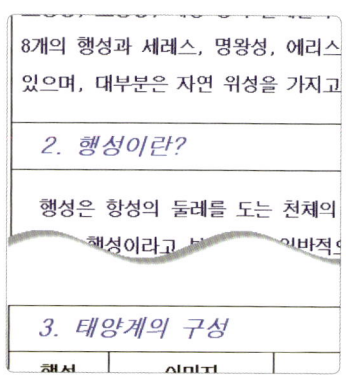

④ [파일] 탭-[다른 이름으로 저장하기]를 클릭하고 대화상자가 나오면 본인의 폴더를 선택한 후, 이름을 '탐구 보고서'를 입력합니다. 이어서, <저장> 단추를 클릭합니다.

CHAPTER 17

1 📂 불러올 파일 : 연습하기 01.hwp　📗 완성된 파일 : 17장 연습하기 01(완성).hwp

다음과 같이 스타일을 추가하고, 그림을 삽입해 봅니다.
- 스타일 이름(기관이름), 문단 모양(가운데 정렬), 글자 모양(함초롬돋움, 22pt, 진하게, 밑줄, 남색)
- 스타일 이름(하는일), 글자 모양(함초롬돋움, 11pt, 진하게)

2 📂 불러올 파일 : 연습하기 02.hwp　📗 완성된 파일 : 17장 연습하기 02(완성).hwp

다음과 같이 스타일을 추가하고, 그림을 삽입해 봅니다.
- 스타일 이름(볼거리), 문단 모양(가운데 정렬), 글자 모양(HY강B, 12pt, 밑줄, 주황)
- 스타일 이름(설명), 글자 모양(HY강M, 10pt)

CHAPTER 17_ 태양계 조사 내용 정리하기 • **115**

CHAPTER 18 우리 지역 행사 초대장

학습목표
- 표 안에 그림을 삽입해 봅니다.
- 스타일 기능을 활용해 글자 모양, 문단 모양을 미리 정해놓고 사용해 봅니다.

📁 불러올 파일 : 행사 초대장.hwp   📁 완성된 파일 : 행사 초대장(완성).hwp

완성작품 미리보기

오늘 배울 기능
메일 머지, 글상자, 그림 편집

스토리 소개

친구를 초대하는 초대장을 작성해 봅니다. 인원이 많은 경우, 매번 문서를 수정하지 않고 명단을 만들어서 메일 머지로 쉽게 여러 장의 초대장을 만들어서 보낼 수 있습니다.

116 • 컴스타2_ 한글 2020

1 그림 편집하기

❶ '행사 초대장.hwp' 파일을 실행합니다.

❷ [입력] 탭-[그림( )]-[불러올 파일]-[CHAPTER 18]-'정보.jpg'를 선택한 다음 '문서에 포함', '마우스로 크기 지정'에 체크한 후 <열기> 단추를 클릭합니다.

❸ 문서 위쪽에 드래그해서 적당한 크기로 조절합니다.

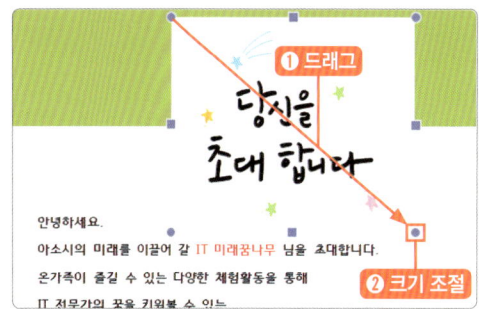

❹ [그림( )] 탭-[사진 편집]을 클릭하고 [사진 편집기] 대화상자가 나오면 [투명 효과] 탭으로 이동한 후, [보정 후] 그림의 하얀색 배경을 마우스로 클릭합니다.

❺ 배경이 투명하게 변경되면, <적용> 단추를 클릭합니다.

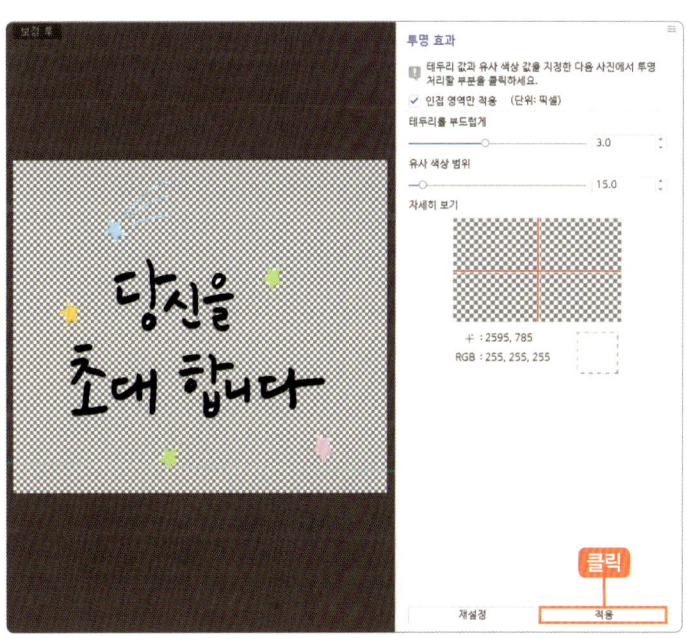

2 메일 머지 표시 달기

❶ [입력] 탭에서 개체의 [가로 글상자(▭)]를 클릭합니다. 이어서, 마우스 포인터가 + 모양으로 변경되면 '안녕하세요' 글자 위에 드래그해서 삽입하고, 'To.'라고 입력합니다.

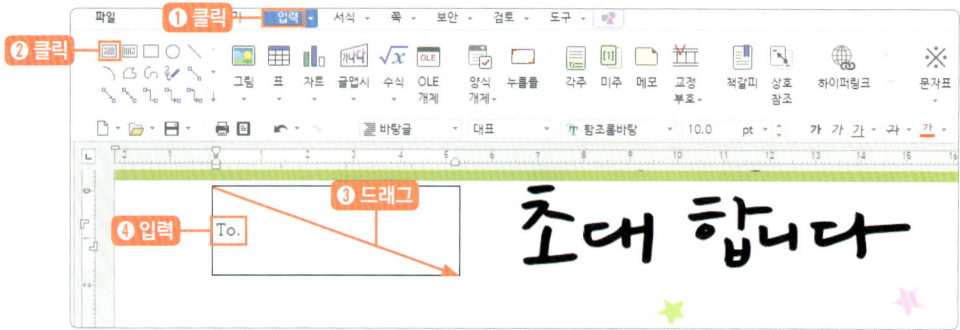

❷ 글상자의 테두리를 더블클릭한 후, [개체 속성]-[선] 탭에서 '선 종류(없음)', [채우기] 탭에서 '색 채우기 없음'으로 선택한 다음 <설정> 단추를 클릭합니다.

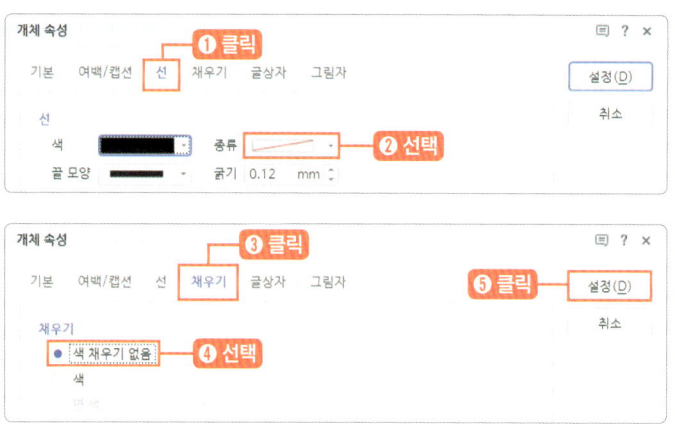

❸ 'To.' 텍스트를 드래그해서 글자 모양과 크기를 임의로 변경해줍니다.

❹ 'To.' 오른쪽에 커서를 두고 [도구] 탭-[메일 머지]-[메일 머지 표시 달기]를 선택합니다.

❺ [메일 머지 표시 달기] 대화상자가 나오면 [필드 만들기] 탭의 입력 창에 '1'을 입력하고 <넣기> 단추를 클릭합니다.

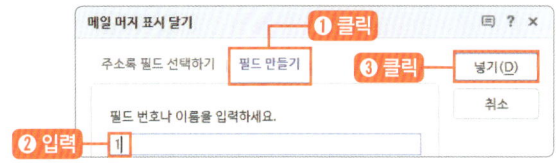

❻ 같은 방법으로 '~미래 꿈나무' 뒤 '님~' 사이에 커서를 두고 [메일 머지 표시 달기]-[필드 만들기] 탭에서 '1'을 입력하고 <넣기> 단추를 클릭합니다.
 ※ 글꼴, 글자 색, 밑줄 등은 임의로 지정해 줍니다.

> TIP
> ● 메일 머지 표시를 블록 지정 후, 글자 모양을 변경해두면 메일 머지 만들 때 자동으로 지정된 서식이 적용되어 설정됩니다.

3 메일 머지 만들기

❶ [도구] 탭-[메일 머지]-[메일 머지 만들기]를 선택합니다.

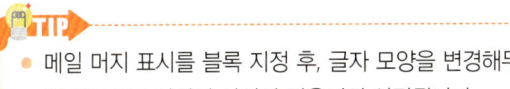
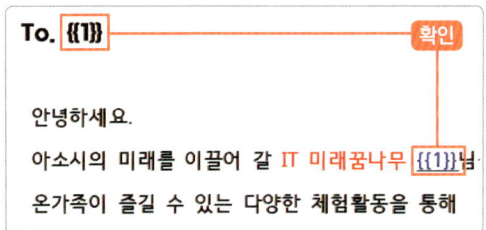

❷ [메일 머지 만들기] 대화상자가 나오면 [자료 종류]-[한글 파일]-'파일 선택( )' 아이콘을 클릭해 '초대 명단.hwp' 한글 파일을 불러옵니다.

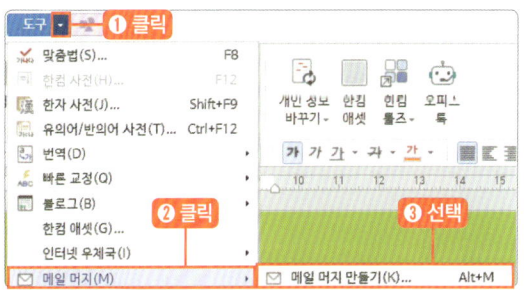

❸ [출력 방향]-[파일]을 선택하고 [파일 이름]-'파일 선택( )' 아이콘을 클릭한 다음 본인 폴더에 '행사 초대장'을 입력합니다. 이어서, <저장> 단추를 클릭하고 <만들기> 단추를 클릭합니다.

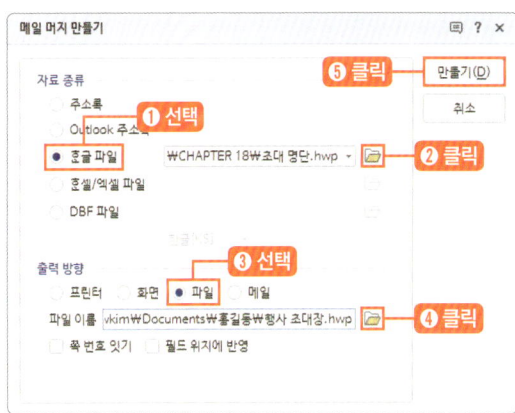

❹ 본인 폴더에 저장된 '행사 초대장.hwp'를 열어 만들어진 초대장을 확인합니다.

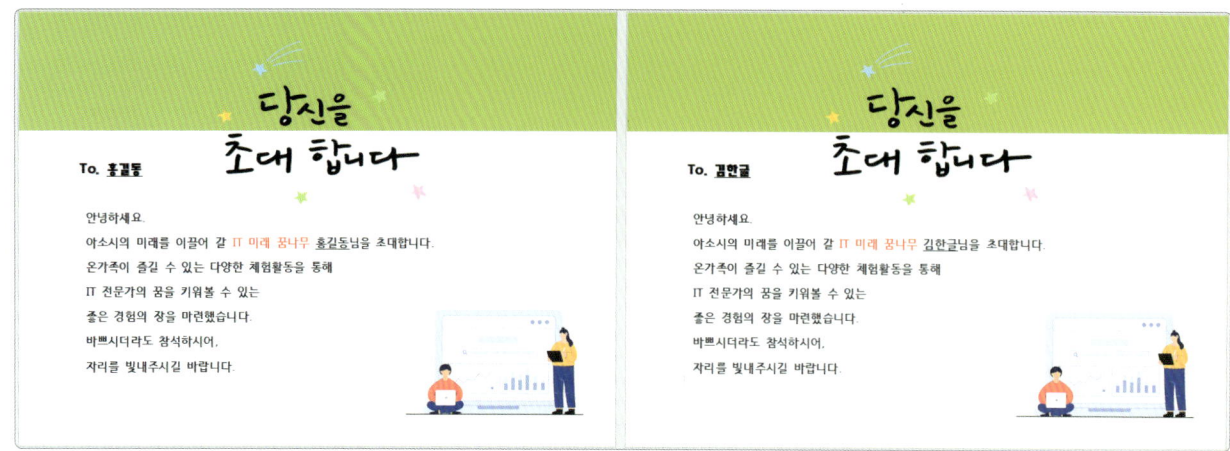

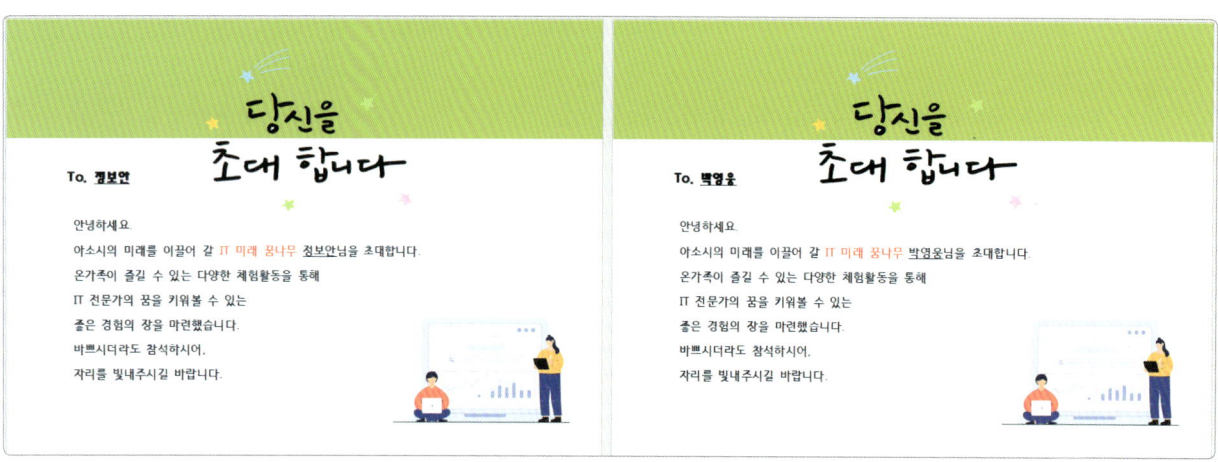

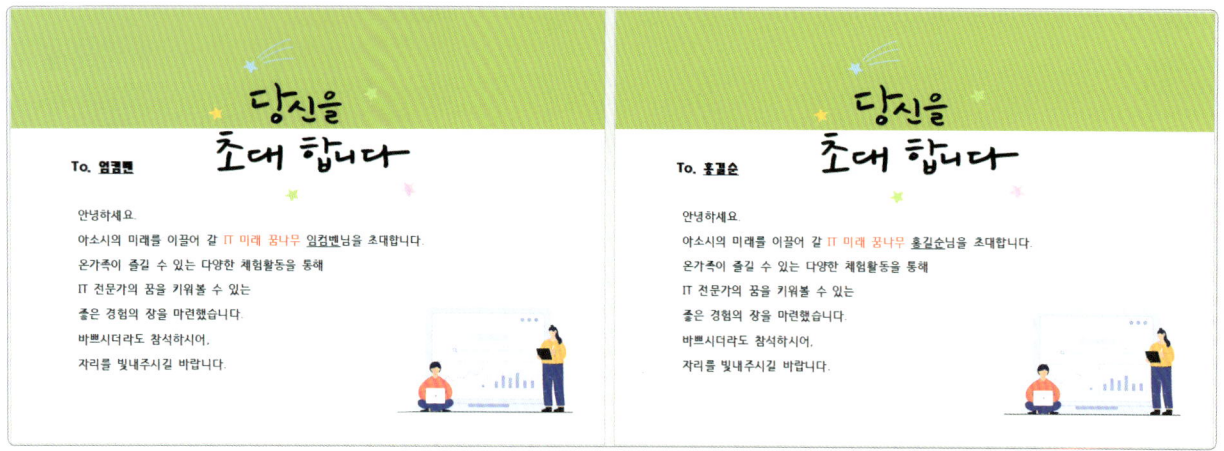

CHAPTER 18

1 📁 불러올 파일 : 연습하기 01.hwp   📁 완성된 파일 : 18장 연습하기 01(완성).hwp

메일 머지 기능으로 '봉투 명단.xlsx' 파일에서 주소, 이름, 우편번호를 연결해 초대 봉투를 완성해 봅니다.

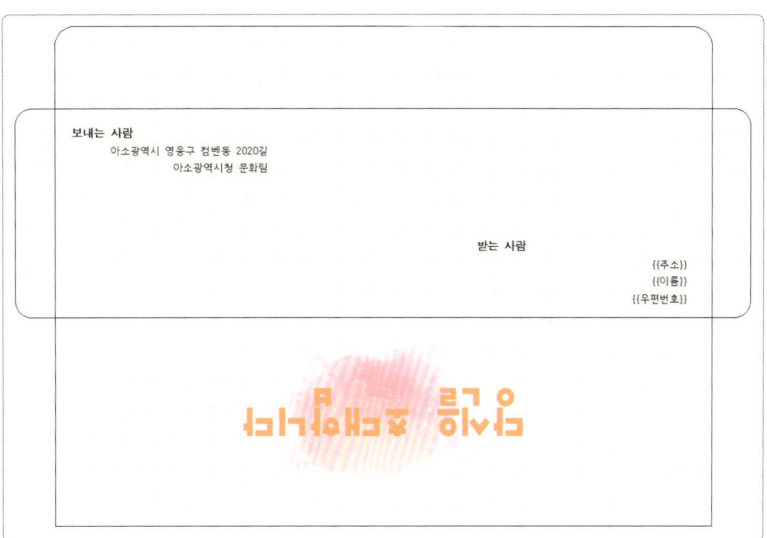

2 📁 불러올 파일 : 연습하기 02.hwp   📁 완성된 파일 : 18장 연습하기 02(완성).hwp

메일 머지 기능으로 '직원 명단.xlsx' 파일에서 직위, 이름, 번호, 메일, 주소를 연결해 직원 명함을 완성해 봅니다.

메일 머지 자료 종류는 [한셀/엑셀 파일]을 선택해야 합니다.

CHAPTER 19 우리 지역 행사 포스터

학습목표
- 쪽 테두리 기능으로 포스터 테두리를 꾸며봅니다.
- 쪽 배경으로 그림을 삽입해 봅니다.

■ 불러올 파일 : 행사 포스터.hwp   ■ 완성된 파일 : 행사 포스터(완성).hwp

완성작품 미리보기

오늘 배울 기능
쪽 테두리, 쪽 배경, 글상자, 글자 모양

스토리 소개

한글의 쪽 테두리/배경 기능을 활용하면 이미지 편집 프로그램보다 쉽고 간단하게 포스터를 만들 수 있습니다

1 쪽 테두리/배경 설정하기

❶ '행사 포스터.hwp' 파일을 실행합니다.

❷ [쪽] 탭-[쪽 테두리/배경(▢)]을 클릭합니다.

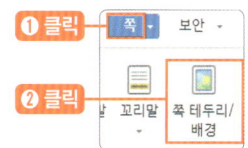

❸ [쪽 테두리/배경]-[테두리] 탭-[테두리]에서 '종류(이중 실선)'을 선택하고 [모두(▢)]를 클릭한 다음 [위치]-[종이 기준]으로 모두 5.00mm로 변경합니다.

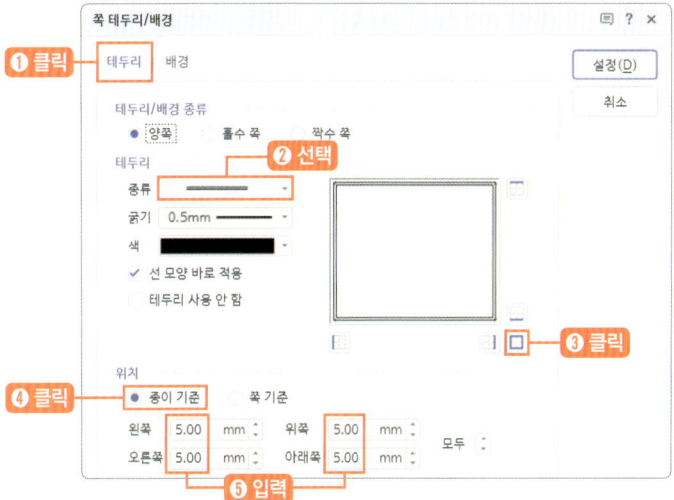

❹ [배경] 탭-[그림]을 체크하고 '그림 삽입(🖼)' 아이콘을 클릭한 다음 '배경1.jpg' 이미지를 불러옵니다. 이어서, <설정> 단추를 클릭합니다.

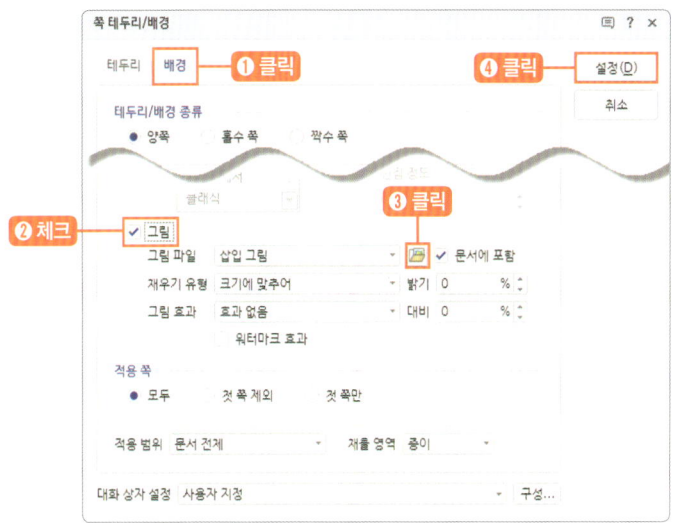

❺ 쪽에 배경과 테두리가 들어간 것을 확인합니다.

2 글자에 그림자 효과 주기

① '아소시 IT 문화축제' 텍스트를 블록 설정한 후, 마우스 오른쪽 단추를 눌러 [글자 모양]을 클릭합니다.

② [글자 모양] 대화상자가 나오면 [기본] 탭에서 '기준 크기(30pt)', '글꼴(한컴 윤고딕 250)', '진하게', '그림자'를 선택하고 글자 색은 배경과 어울리는 임의의 밝은색으로 선택합니다.

③ [확장] 탭-[그림자]를 선택하고 '색(검정)'으로 선택한 후, <설정> 단추를 클릭합니다.

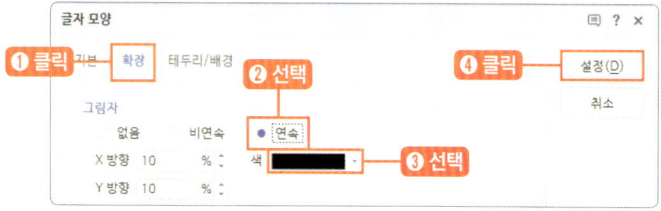

3 글상자 삽입하기

① '아소시 IT 문화축제' 아래에 글상자를 삽입하고 글상자의 테두리를 더블클릭한 후, [개체 속성]-[선] 탭에서 '선 종류(없음)', '사각형 모서리 곡률(반원)'으로 클릭합니다.

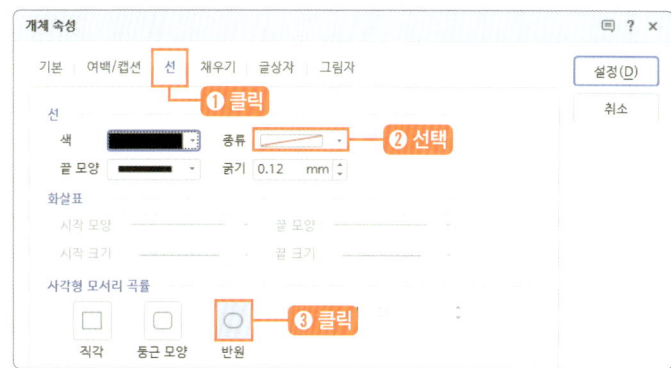

② [개체 속성]-[채우기] 탭에서 '면 색'을 임의로 선택하고 <설정> 단추를 클릭합니다.

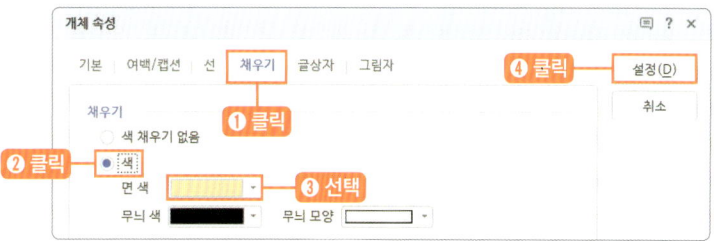

③ 글상자에 '뉴스 제작 경진대회'를 입력하고 '글꼴(함초롬돋움)', '크기(14pt)', '진하게', '가운데 정렬'로 설정해 줍니다.

④ 글상자를 아래로 2개 복사한 후, 다음과 같이 입력하고 글상자 색을 임의로 변경합니다.

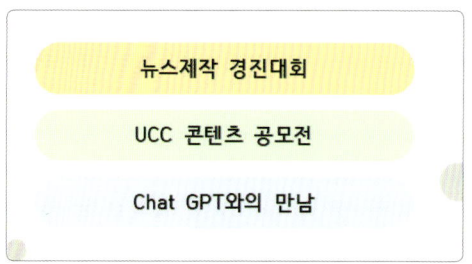

❺ [입력] 탭-[그림]-[불러올 파일]-[CHAPTER 19]-'IT.jpg'를 선택하고 '문서에 포함', '마우스로 크기 지정'을 체크한 후, <열기> 단추를 클릭합니다.

❻ 그림을 적당한 크기로 드래그한 후, [그림( )] 탭-[자르기( )]를 선택한 다음 아래 파란색 부분을 잘라줍니다.

❼ [파일] 탭-[다른 이름으로 저장하기]를 클릭하고 대화상자가 나오면 본인의 폴더를 선택한 후, 이름을 '행사 포스터'를 입력합니다. 이어서, <저장> 단추를 클릭합니다.

연습문제

CHAPTER 19

 ▪ 불러올 파일 : 없음   ▪ 완성된 파일 : 19장 연습하기 01(완성).hwp

다음 그림과 같이 크리스마스 포스터를 꾸며봅니다.

※ **페이지 설정** : 왼쪽 여백(10pt), 오른쪽 여백(10pt), 왼쪽 여백(10pt), 오른쪽 여백(10pt)

① '배경2.jpg' 그림으로 쪽 배경을 설정하고 그림과 같이 테두리를 설정합니다.
② 글맵시로 자유롭게 포스터 제목을 만들어 배치합니다.
③ 글상자(선 없음, 색 채우기(없음)로 내용을 입력하고 글자 모양을 변경해 봅니다.
④ '트리.png', '리스.png' 그림을 삽입해 배치해 줍니다.
⑤ 본인 폴더에 파일 이름을 '성탄절 포스터'로 저장합니다.

CHAPTER 19_ 우리 지역 행사 포스터 • **127**

CHAPTER 20 우리 지역 소식지

- 한 페이지 안에서 여러 개의 단 모양을 설정해 봅니다.
- 그림 스타일 기능으로 테두리에 효과를 설정해 봅니다.

📁 불러올 파일 : 우리 지역 소식지.hwp   📁 완성된 파일 : 우리 지역 소식지(완성).hwp

 완성작품 미리보기

{ 오늘 배울 기능 }

다단, 그림 스타일, 문단 첫 글자 장식

 스토리 소개

내용이 한눈에 보이는 소식지를 만들고 싶다면 다단 기능을 활용해 봅니다. 한 페이지를 나누어 내용을 정렬하고 글자를 강조하여 가독성이 좋은 문서를 만들 수 있습니다.

1 그림 삽입하고 스타일 설정하기

❶ '우리 지역 소식지.hwp' 파일을 실행합니다.

❷ '아소 교육청 광장' 아래 줄에 커서를 클릭한 다음 [입력] 탭-[그림( )]-[불러올 파일]-[CHAPTER 20]-'청소년.jpg'를 선택한 후, '문서에 포함', '글자처럼 취급'을 체크한 다음 <열기> 단추를 클릭합니다.

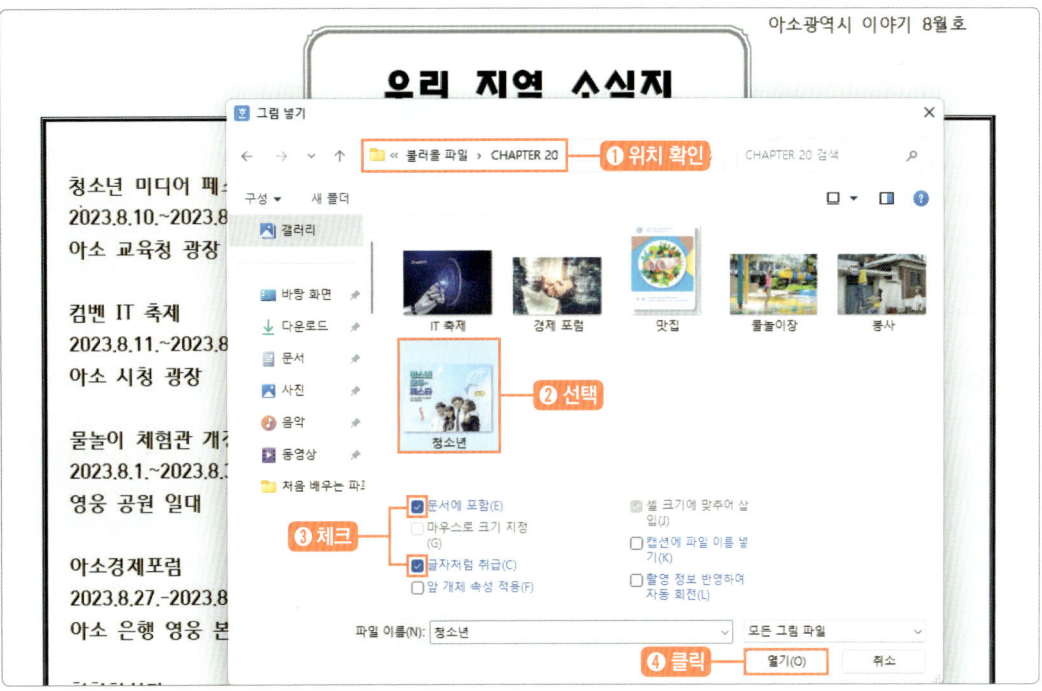

❸ [그림( )] 탭에서 '너비(75mm)', '높이(45mm)'로 입력하고 '스타일(회색 아래쪽 그림자)'를 적용해 줍니다.

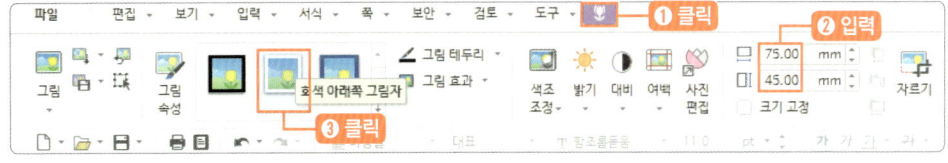

❹ 같은 방법으로 'IT 축제, 물놀이장, 경제 포럼' 그림을 삽입한 다음 크기와 스타일을 적용합니다.

> **TIP**
> • 그림 삽입 시 '글자처럼 취급'을 체크하지 않았다면 [그림] 탭에서 '글자처럼 취급'을 체크해 줍니다.

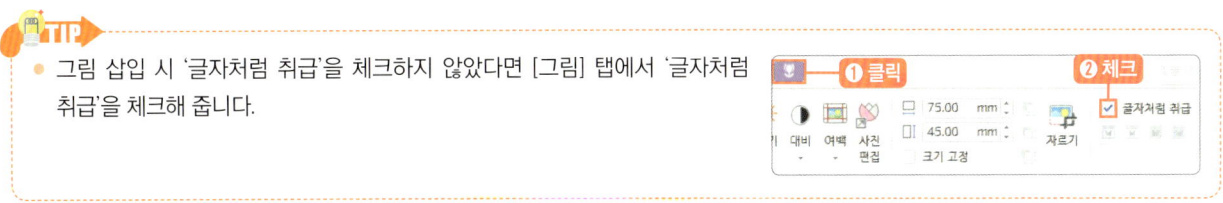

2 다단 나누기

① '청소년 미디어 페스티벌 ~ 아소 은행 영웅 본부 5층 아래 그림까지' 블록으로 지정합니다.

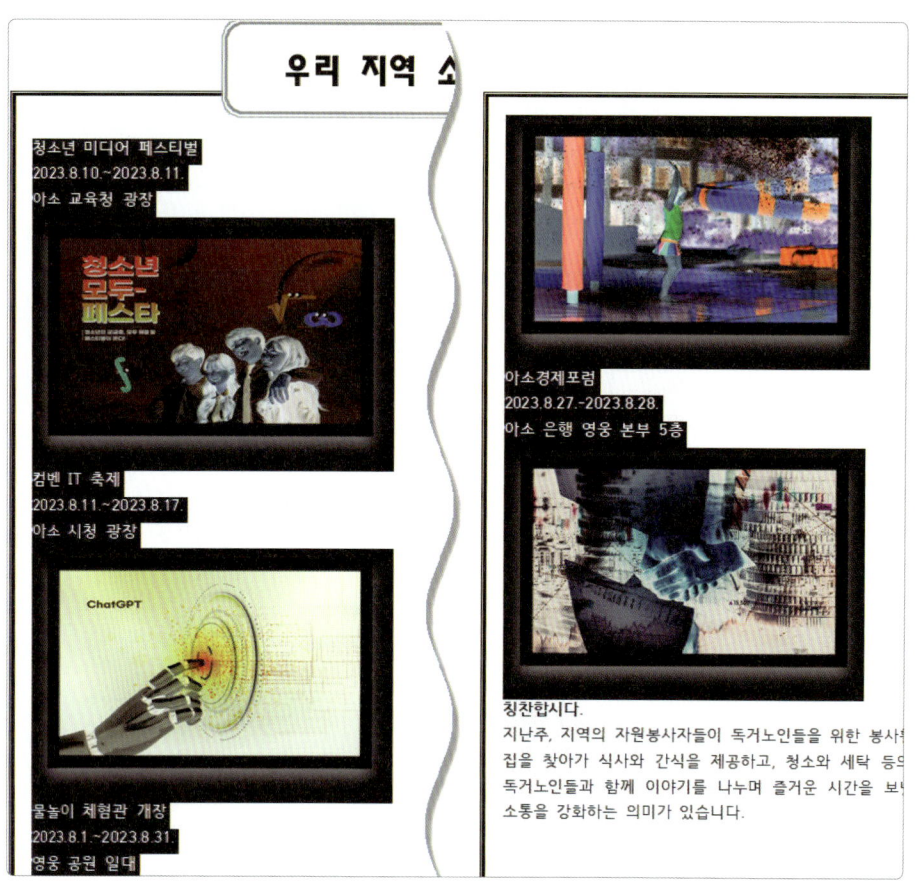

② [쪽] 탭-[단(   )]-[다단 설정]을 선택합니다.

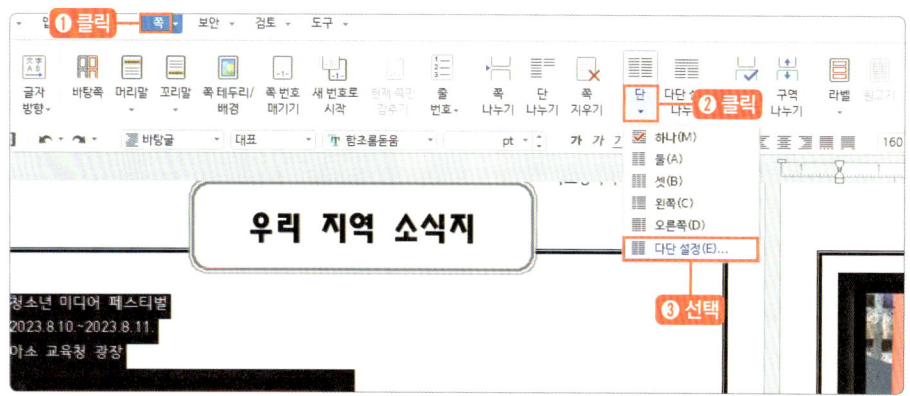

❸ [단 설정] 대화상자가 나오면 '자주 쓰이는 모양(둘)'을 클릭하고 '구분선(구분선 넣기)'를 체크한 후, '종류(점선)', '굵기(0.4mm)'로 선택합니다.

❹ '적용 범위(선택된 문자열)'이 선택되어 있는지 확인한 다음 <설정> 단추를 클릭합니다.

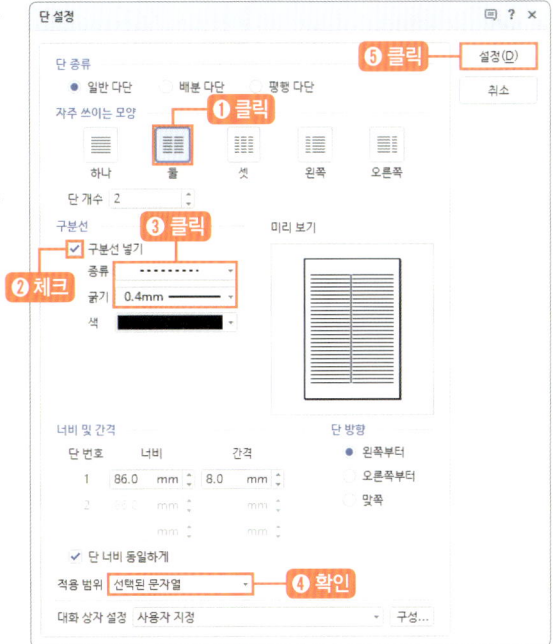

❺ 다음과 같이 2개의 단과 구분선이 설정되는 걸 확인할 수 있습니다.

3 문단 첫 글자 장식

① '청소년 ~ 페스티벌' 줄에 커서를 위치하고 [서식]-[문단 첫 글자 장식]을 클릭합니다.

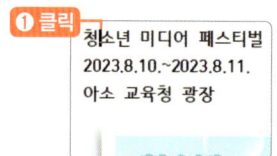
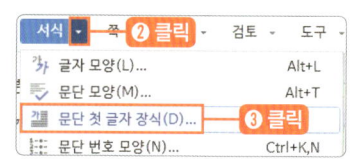

② [문단 첫 글자 장식] 대화상자가 나오면 '모양(2줄)', 면 색은 임의로 지정하고 <설정> 단추를 클릭합니다.

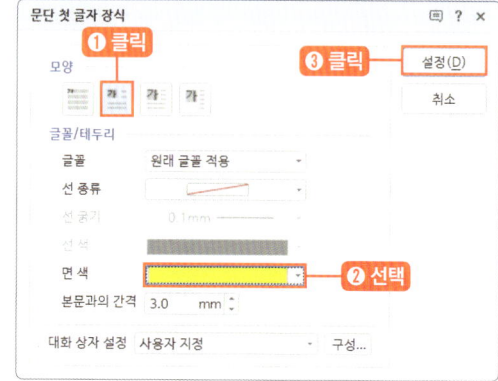

③ 같은 방법으로 행사 이름 첫 글자를 꾸며줍니다.

- 텍스트를 블록 지정하면 [문단 첫 글자 장식] 메뉴가 비활성화됩니다.

4 그림 테두리 넣기

① [입력] 탭-[그림]-[불러올 파일]-[CHAPTER 20]-'봉사.jpg'를 선택하고 '문서에 포함', '마우스로 크기 지정'에 체크한 후, <열기> 단추를 클릭합니다. 이어서, '칭찬합시다' 아래쪽에 단락 높이와 비슷하게 드래그해 그려줍니다.

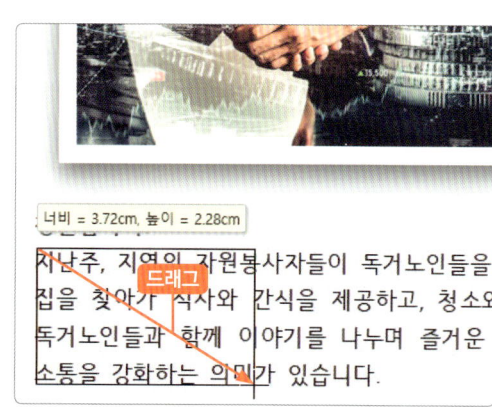

❷ [그림] 탭-[그림 테두리]-[선 굵기]-[0.5mm]를 선택합니다.

❸ 그림을 더블클릭하고 [개체 속성]-[여백/캡션] 탭-[바깥 여백]에서 '오른쪽(2mm)'를 입력하고 <설정> 단추를 클릭합니다.

❹ '칭찬합시다' 텍스트를 블록 지정한 후, '글꼴(HY헤드라인M)', '크기(15pt)', '글자 색(빨강)', '가운데 정렬'로 설정합니다.

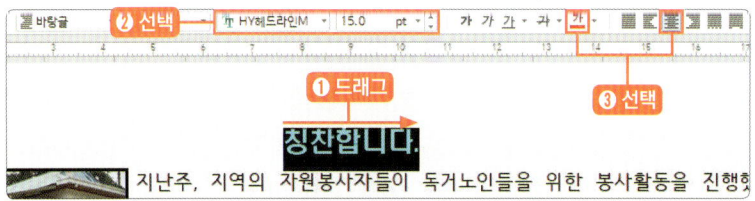

❺ [파일] 탭-[다른 이름으로 저장하기]를 클릭하고 대화상자가 나오면 본인의 폴더를 선택한 후, 이름을 '우리 지역 소식지'를 입력합니다. 이어서, <저장> 단추를 클릭합니다.

CHAPTER 20

■ 불러올 파일 : 연습하기 01.hwp   ■ 완성된 파일 : 20장 연습하기 01(완성).hwp

글상자와 다단 기능으로 맛집 투어 리스트를 만들어 봅니다.

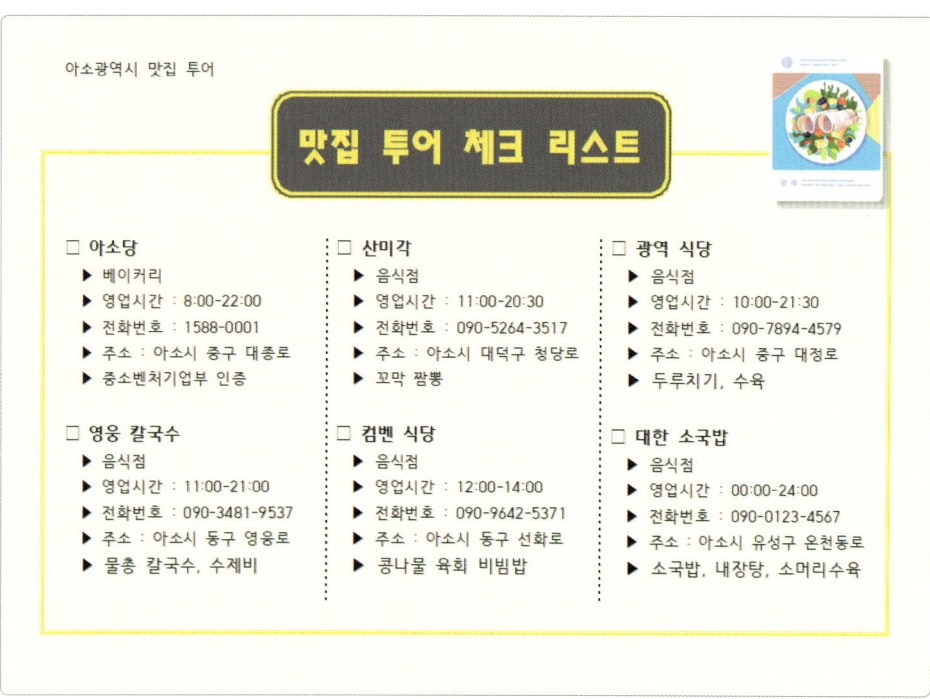

① 가로 글상자를 삽입하고 '맛집 투어 체크 리스트' 텍스트를 입력하고 글자 모양을 변경합니다.

② [개체 속성] 대화상자에서 [선], [채우기]로 글상자의 속성을 변경합니다.

③ 문자표의 '□'를 입력하고 맛집 이름을 입력합니다.

④ 순서대로 '맛집 유형, 영업 시간, 전화 번호, 주소, 대표 메뉴'를 조사하여 넣어 줍니다.
   – 예시로 입력된 내용을 복사한 다음 내용을 수정해서 사용해도 됩니다.

⑤ 입력된 텍스트를 블록 지정하고 [쪽]–[단]–[다단 설정]에서 '자주 쓰이는 모양, 구분선'을 지정하고 <설정> 단추를 클릭합니다.

⑥ '맛집.png' 이미지를 삽입한 다음 본인 폴더에 '맛집 투어.hwp'로 저장합니다.

> TIP
> • 자기가 좋아하는 맛집 리스트로 작성해 봅니다.
>   – '아소 맛집' 등의 키워드로 검색하여 내용을 채워줄 수 있습니다.

MEMO

CHAPTER 21 페이지에 이름 지어주기

- 편집 용지 설정으로 여백을 설정해 봅니다.
- 머리말/꼬리말, 쪽 번호를 설정해 봅니다.

■ 불러올 파일 : 탐구 활동지.hwp   ■ 완성된 파일 : 탐구 활동지(완성).hwp

완성작품 미리보기

오늘 배울 기능
편집 용지, 머리말/꼬리말, 쪽 번호

스토리 소개

페이지 제목을 머리말 기능을 활용해 넣어볼 수 있습니다. 본문과 공간이 분리되어 보다 쉽게 편집할 수 있습니다.

1 여백 설정하기

❶ '탐구 활동지.hwp' 파일을 실행합니다.

❷ [쪽] 탭-[편집 용지(📄)]-[기본] 탭-'용지 여백'에서 위쪽(10mm), 머리말(30mm), 왼쪽(15mm), 오른쪽(15mm), 꼬리말(10mm), 아래쪽(10mm)으로 변경하고 <설정> 단추를 클릭합니다.

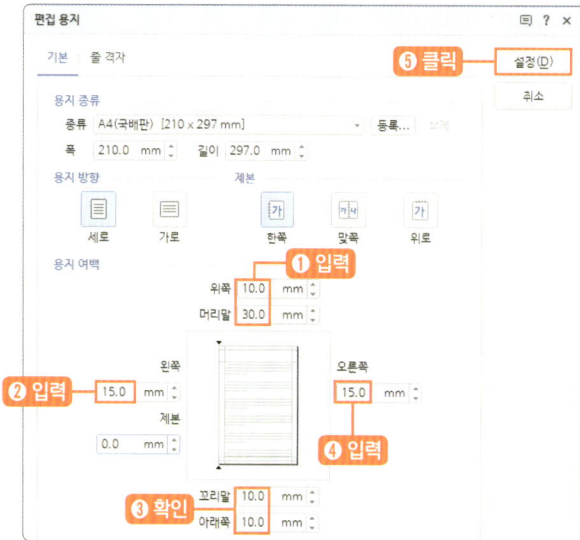

❸ 표 전체를 블록 지정하고 Ctrl + → 키를 눌러 가로 넓이는 여백에 맞게 늘려줍니다.

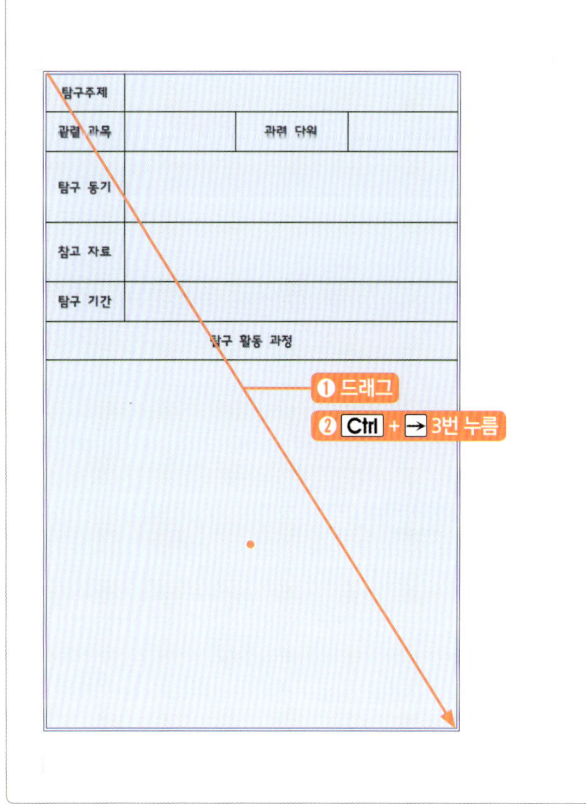
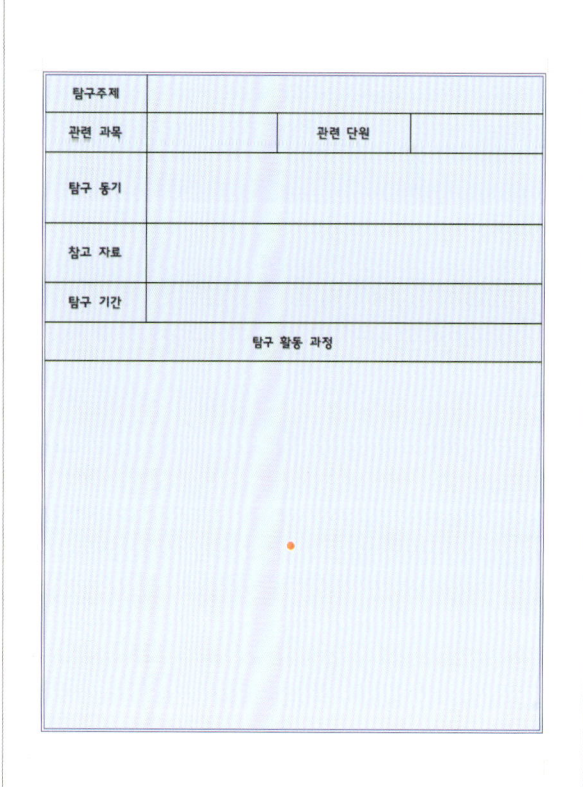

2 머리말/꼬리말 설정하기

① [쪽] 탭-[머리말(📄)]-[머리말/꼬리말]을 선택합니다.

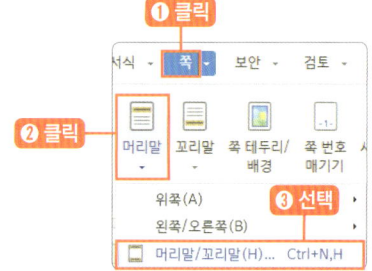

② [머리말/꼬리말] 대화상자에서 '종류(머리말)', '위치(양쪽)', '머리말/꼬리말 마당'에서 목록'에서 '(모양 없음)'이 선택된 상태로 <만들기> 단추를 클릭합니다.

③ 머리말 영역이 열리면 [입력] 탭에서 개체의 [가로 글상자]를 클릭하고 머리말 영역에 드래그해서 삽입합니다.

④ 글상자의 테두리를 더블클릭한 후, [개체 속성]-[선] 탭에서 '선 색'을 임의로 설정하고 '굵기(0.5mm)' '사각형 모서리 곡률(둥근 모양)'으로 선택합니다.

❺ [채우기] 탭-'색 채우기 없음'을 선택한 다음 <설정> 단추를 클릭합니다.

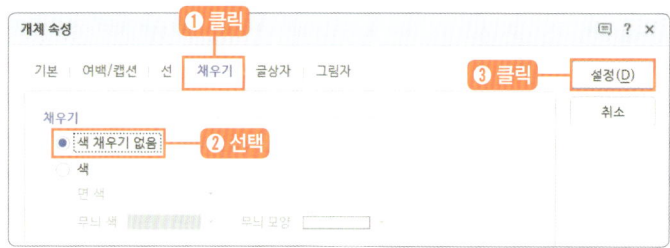

❻ '교과 탐구 활동 보고서' 텍스트를 입력하고 글자 모양을 임의로 지정한 후, '가운데 정렬' 한 다음 글상자도 다음과 같이 배치합니다.

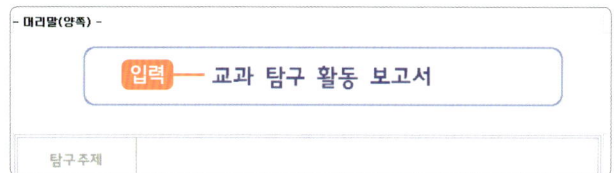

❼ [입력] 탭-[그림]-[불러올 파일]-[CHAPTER 21]-'책.jpg'를 선택하고 '문서에 포함', '마우스로 크기 지정'에 체크한 후, <열기> 단추를 클릭하고 머리말 왼쪽에 배치해 줍니다.

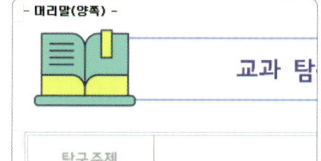

❽ [머리말/꼬리말] 탭-[꼬리말(▤)]-'모양없음'을 선택합니다.

❾ '교과 탐구' 텍스트를 입력한 다음 글자 모양을 임의로 지정한 후, '오른쪽 정렬'을 합니다.

❿ [머리말/꼬리말] 탭-[닫기]를 클릭합니다.

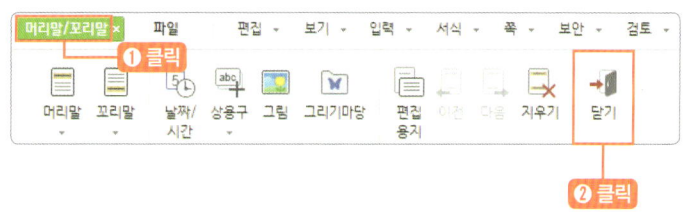

3 쪽 번호 설정하기

❶ [쪽] 탭-[쪽 번호 매기기(　)]를 클릭합니다.

❷ [쪽 번호 매기기] 대화상자가 나오면 [번호 위치]-'왼쪽 아래', [번호 모양]-'1, 2, 3', '줄표 넣기' 체크한 다음 <넣기> 단추를 클릭하면 쪽 번호가 설정되는 것을 확인할 수 있습니다.

❸ 페이지를 추가하면 '머리말/꼬리말', '쪽 번호'가 연결되어 삽입되는 걸 확인할 수 있습니다.

❹ [파일] 탭-[다른 이름으로 저장하기]를 클릭하고 대화상자가 나오면 본인의 폴더를 선택한 후, 이름을 '탐구 활동지'를 입력합니다. 이어서, <저장> 단추를 클릭합니다.

연습문제

CHAPTER 21

 ■ 불러올 파일 : 연습문제 01.hwp ■ 완성된 파일 : 21장 연습하기 01(완성).hwp

머리말/꼬리말, 쪽 번호를 삽입하여 스터디 노트를 완성해 봅니다.

① [쪽] 탭-[머리말]-[머리말/꼬리말]-[종류]-'머리말', [위치]-'양쪽', [머리말/꼬리말 마당]-'모양없음'을 선택하고 <만들기>를 클릭합니다.

② 가로 글상자를 삽입한 후, '스터디 플래너'를 입력하고 글자 모양을 변경합니다.

③ 글상자의 [개체 속성]-[선]-'없음', [채우기]-'색 채우기 없음'으로 지정합니다.

④ [입력] 탭-[직선]을 텍스트 위에 그려주고 선 속성을 변경한 후, 복사해 줍니다.
  - [선]-[화살표 모양]-[시작 모양]/[끝 모양]도 변경할 수 있습니다.

⑤ [머리말/꼬리말] 탭-[꼬리말]-'모양없음'을 선택한 후, '공부 습관을 들이자'를 입력하고 글자 모양을 임의로 지정한 다음 [닫기]를 클릭합니다.

⑥ [쪽] 탭-[쪽 번호 매기기]-[번호 위치]-'오른쪽 아래', [번호 모양]-'①,②,③', [줄표 넣기] 체크 해제하고 <넣기> 단추를 클릭합니다.

CHAPTER 22 하이퍼링크 연결하기

학습목표
- 각주 기능으로 도움말을 넣어 봅니다.
- 책갈피를 삽입하고, 하이퍼링크를 연결해 봅니다.

📁 불러올 파일 : MBTI.hwp   📁 완성된 파일 : MBTI(완성).hwp

완성작품 미리보기

{ 오늘 배울 기능 }

각주, 책갈피, 하이퍼링크

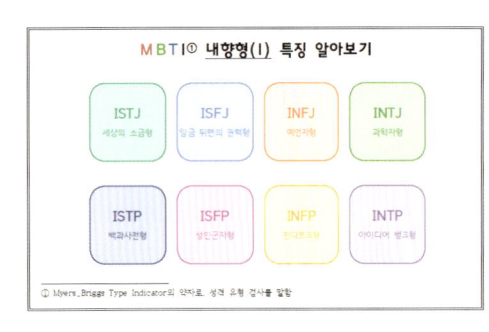

 **스토리 소개**

페이지가 많다면 책갈피와 하이퍼링크 기능을 활용해 페이지를 자유롭게 이동할 수 있습니다. 메인 페이지에서 원하는 페이지로 빠르게 이동해서 내용을 확인하고 본문에 부족한 설명은 각주를 활용해 추가 내용을 작성할 수 있습니다.

1 각주 넣기

① 'MBTI.hwp' 파일을 실행합니다.

② 'MBTI' 바로 뒤에 커서를 두고 [입력] 탭-[각주(📄)]를 클릭합니다.

③ [주석] 탭-[번호 모양(📋)]-'①,②,③'을 선택하고 'Myers_Briggs Type Indicator의 약자로, 성격 유형 검사를 말함'을 입력합니다.

④ [주석] 탭-[닫기]를 클릭하면 각주가 삽입됩니다.

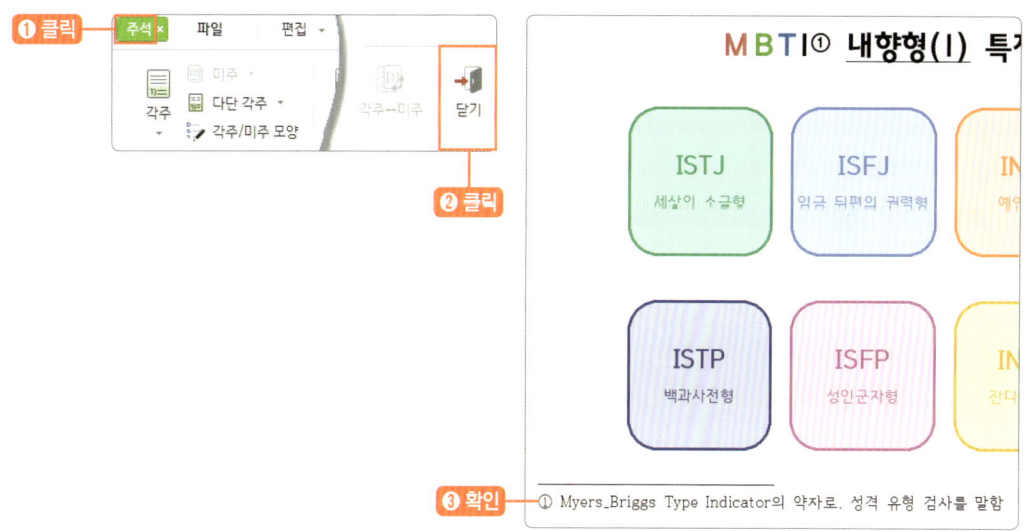

> **TIP**
> ● 각주와 미주의 다른 점
> 각주 : 각주 번호를 매긴 본문 쪽(페이지)의 아래에 입력됩니다.
> 미주 : 미주를 넣으면 현재 구역의 맨 끝부분이나 문서의 맨 끝부분에 미주 내용이 입력됩니다.

2 책갈피 삽입하기

① 2페이지의 글상자 안 'ISTJ' 앞 또는 뒤에 커서를 두고 [입력] 탭-[책갈피(📖)]를 클릭합니다.

② [책갈피] 대화상자가 나오면 '책갈피 이름(ISTJ)' 텍스트가 입력된 것을 확인하고 <넣기> 단추를 클릭합니다.
※ 단어가 완성되지 않았으면 직접 입력해 줍니다.

③ 같은 방법으로 3페이지~9페이지까지 책갈피를 삽입해 줍니다.

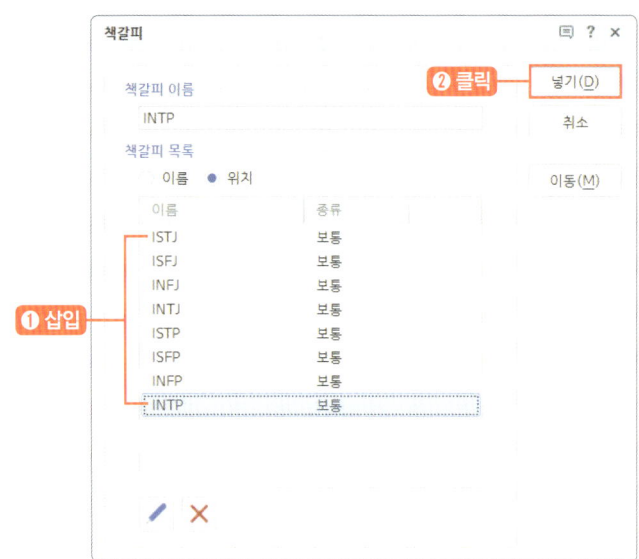

- 단어 앞 또는 뒤에 커서를 위치하면 단어가 책갈피 이름으로 자동 입력됩니다.

3 하이퍼링크 연결하기

❶ '1페이지'의 'ISTJ' 글상자를 클릭하고 [입력] 탭-[하이퍼링크(🌐)]를 클릭합니다.

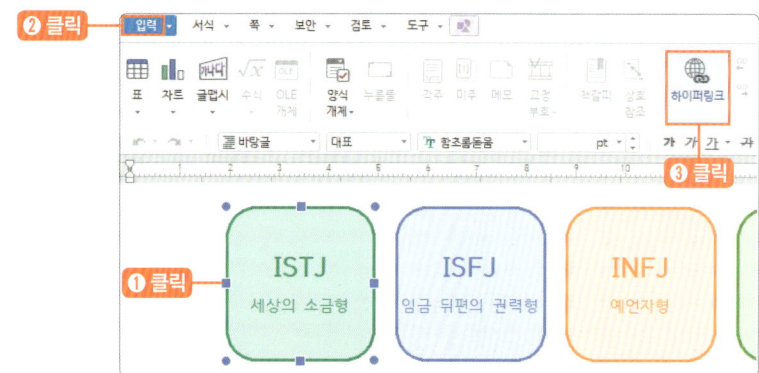

❷ [하이퍼링크] 대화상자가 나오면 [연결 대상]-[한글 문서]-'ISTJ'를 선택하고 <넣기> 단추를 클릭합니다.

❸ 같은 방법으로 'ISFJ ~ INTP'까지 하이퍼링크를 삽입해 줍니다.

❹ [Ctrl] 키를 누르면서 글상자를 클릭하면 해당 페이지로 이동하는 것을 확인할 수 있습니다.

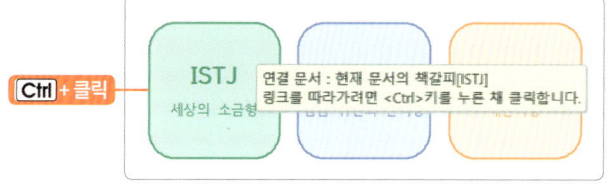

> **TIP**
> ● 기존에 연결된 링크를 수정할 때는 [입력] 탭-[하이퍼링크]를 클릭하면 [하이퍼링크 고치기] 대화상자로 바뀌어 나타나고 <고치기>, <링크 지우기> 단추로 하이퍼링크 설정을 변경할 수 있습니다.

❺ '2페이지'의 '처음으로' 도형을 클릭하고 [입력] 탭-[하이퍼링크]-[연결 대상]-[한글 문서]-'문서의 처음'을 선택하고 <넣기>를 클릭합니다.

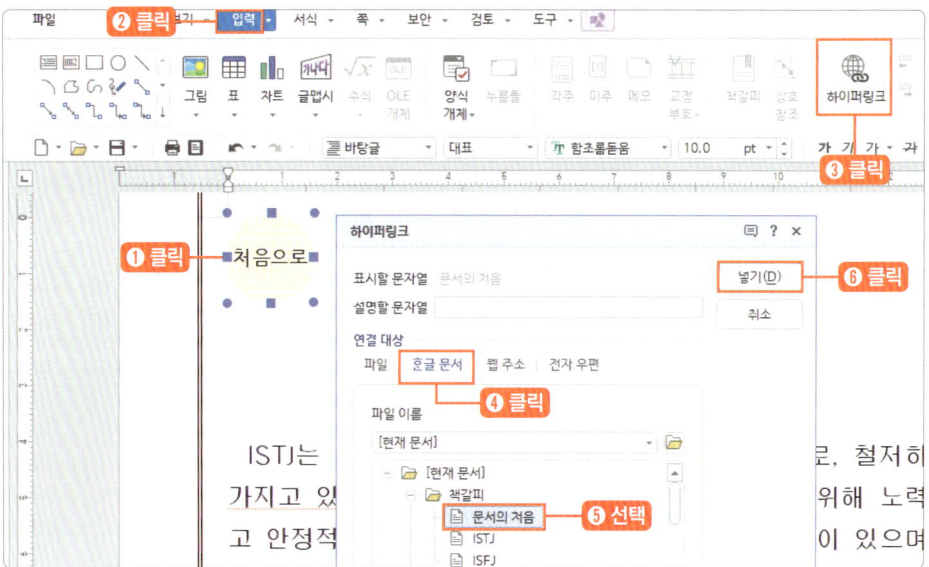

❻ '처음으로' 도형을 Ctrl + C 키로 복사한 다음 3페이지에서 9페이지까지 각 페이지마다 Ctrl + V 키로 도형을 붙이기를 합니다.

❼ [파일] 탭-[다른 이름으로 저장하기]를 클릭하고 대화상자가 나오면 본인의 폴더를 선택한 후, 이름을 'MBTI'를 입력합니다. 이어서, <저장> 단추를 클릭합니다.

연습문제

CHAPTER 22

1 ■ 불러올 파일 : 연습문제 01.hwp   ■ 완성된 파일 : 22장 연습하기 01(완성).hwp

앞에 했던 예제와 같이 각주, 책갈피, 하이퍼링크를 설정해 봅니다.

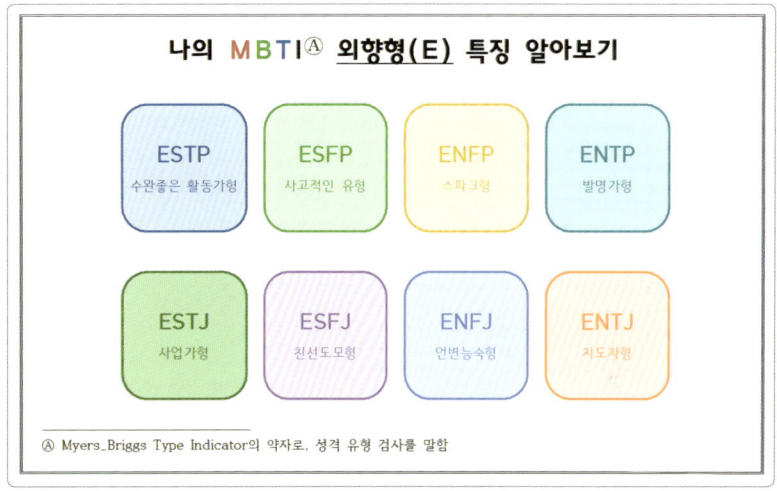

2 ■ 불러올 파일 : 연습문제 02.hwp   ■ 완성된 파일 : 22장 연습하기 02(완성).hwp

기관 그림에 [연결 대상]-[웹 주소]로 하이퍼링크를 연결해 봅니다.

CHAPTER 23 워터마크 만들기

학습목표
- 한글에서 만든 개체를 그림으로 저장해 봅니다.
- 그림 편집의 투명 효과를 사용해 png 이미지를 만들어 봅니다.

■ 불러올 파일 : 워터마크.hwp   ■ 완성된 파일 : 워터마크(완성).hwp

 **완성작품 미리보기**

오늘 배울 기능
개체를 그림으로 저장, 투명 효과

스토리 소개

문서에 내 서명을 넣고 싶다면? 도형과 글상자를 활용해서 서명을 만들어 보고 그림으로 저장해 봅니다. 저장한 이미지를 한글의 사진 편집 기능의 투명 효과를 넣을 수 있습니다.

1 글상자로 도장/서명 모양 만들기

❶ '워터마크.hwp' 파일을 실행합니다.

❷ [입력] 탭에서 개체의 [세로 글상자(▥)]를 클릭하고 '2페이지'의 '도장 원본' 아래에 드래그해서 삽입합니다.

❸ 글상자의 테두리를 더블클릭한 후, [개체 속성]-[기본] 탭-[크기]에서 '너비(50mm)', '높이(50mm)'로 입력합니다.

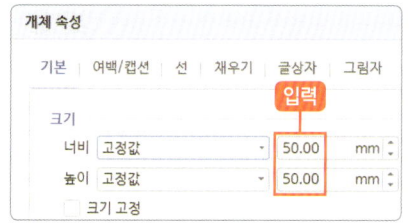

❹ [개체 속성]-[선] 탭-[선]에서 '색(빨강)', '굵기(6mm)'로 설정합니다.

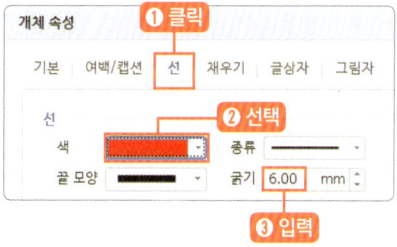

❺ [개체 속성]-[채우기] 탭-'색 채우기 없음'을 선택하고 <설정> 단추를 클릭합니다.

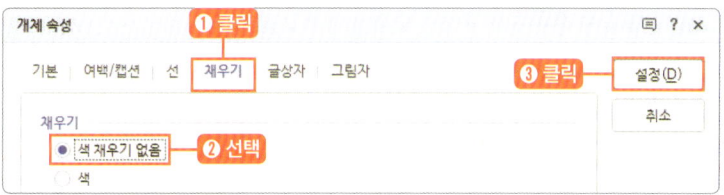

❻ 글상자에 '김컴'을 입력하고 Enter 키를 누르고 '벤인'을 입력한 후, 블록 지정을 하고 마우스 오른쪽 단추를 눌러 [글자 모양]을 클릭합니다.

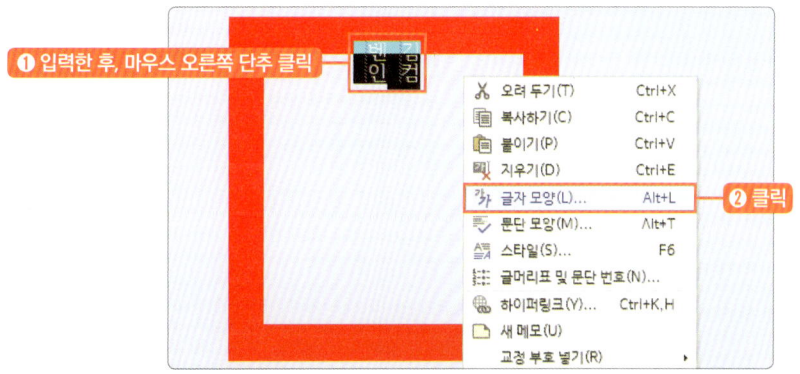

❼ [글자 모양] 대화상자가 나오면 [기본] 탭에서 '기준 크기(50pt)', '글꼴(한컴 소망 B)', '글자 색(빨강)'으로 지정하고 <설정> 단추를 클릭합니다.

❽ [서식 도구 상자]에서 '가운데 정렬', '줄 간격(130%)'을 변경해 줍니다.

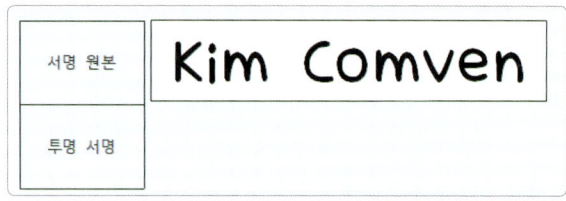

❾ [입력] 탭에서 개체의 [가로 글상자(▤)]를 클릭하고, 2페이지의 '서명 원본' 오른쪽에 드래그해서 삽입합니다.

❿ 글상자 안에 'Kim Comven'을 입력하고 글꼴과 글자 크기를 임의로 설정합니다.

⓫ 글상자의 테두리를 더블클릭한 후, [개체 속성]-[선] 탭-[선]에서 '종류(선 없음)', [채우기] 탭-'색 채우기 없음'을 선택하고 <설정> 단추를 클릭합니다.

2 그림으로 저장하기

❶ 도장 원본 테두리를 클릭한 다음 마우스 오른쪽 단추를 눌러 [그림 파일로 저장]-[불러올 파일]-[CHAPTER 23]-'도장 원본'을 입력하고 <저장> 단추를 클릭합니다.

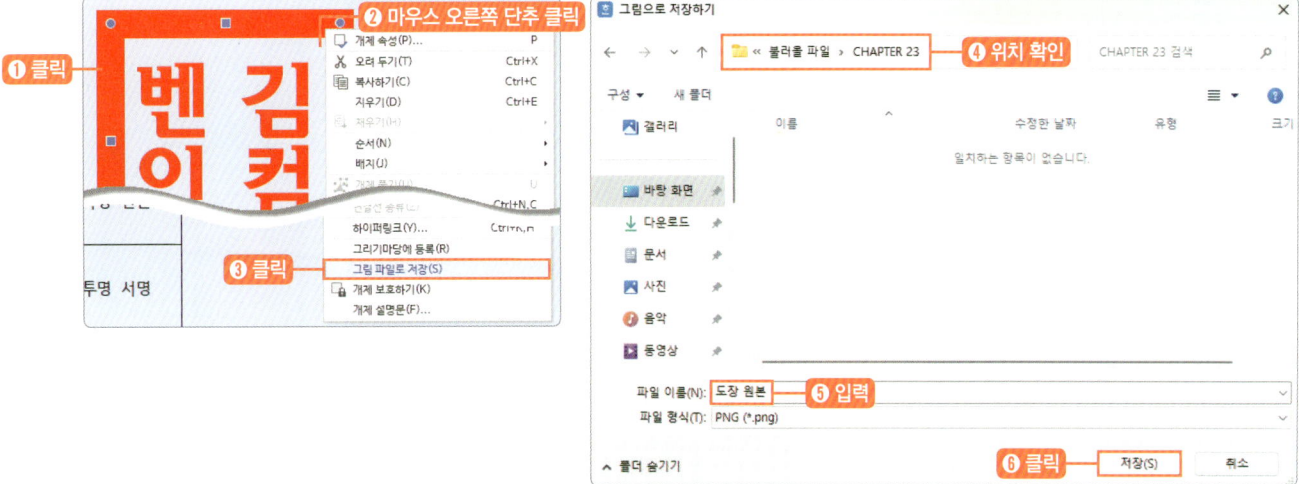

❷ 같은 방법으로 서명 원본 개체도 그림으로 저장합니다.
※ **저장명** : 서명 원본

❸ [입력] 탭-[그림]-[불러올 파일]-'도장 원본.png'를 선택하고 <열기> 단추를 클릭한 후, '2페이지'의 '투명 도장' 아래에 드래그해서 삽입합니다.

❹ [그림] 탭-[사진 편집]-[간편 보정] 탭-'선명하게'를 체크하고 [투명 효과] 탭을 클릭합니다. [사진 편집기] 대화상자가 나타나면 <예>를 클릭합니다.

 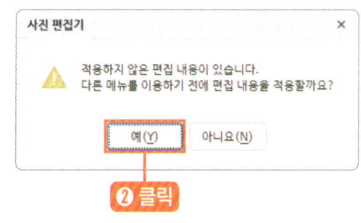

❺ [테두리를 부드럽게]-'3', [유사 색상 범위]-'3'를 입력한 후, 하얀색 부분을 클릭해 투명 효과를 지정하고 <적용> 단추를 클릭합니다.

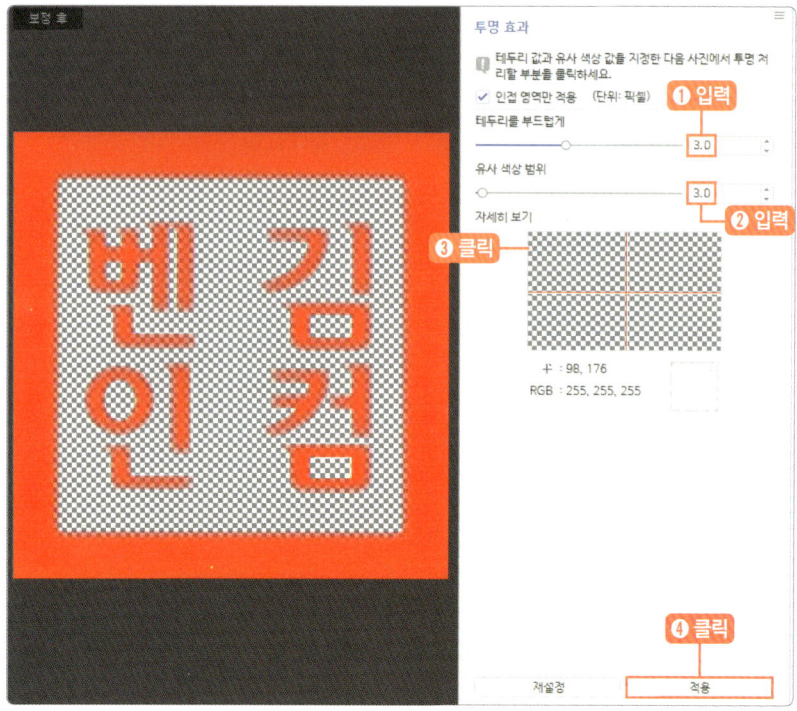

❻ 완성된 투명 도장을 선택한 후, 마우스 오른쪽 단추를 눌러 [그림 파일로 저장]-[불러올 파일]-[CHAPTER 23]-'투명 도장'으로 저장합니다.

❼ 같은 방법으로 투명 서명 개체도 그림으로 저장합니다.

❽ '1페이지'에 '투명 도장'과 '투명 서명'을 그림으로 삽입하고 다음과 같이 배치합니다.

❾ [파일] 탭-[다른 이름으로 저장하기]를 클릭하고 대화상자가 나오면 본인의 폴더를 선택한 후, 이름을 '워터마크'를 입력합니다. 이어서, <저장> 단추를 클릭합니다.

CHAPTER 23

 ■ 불러올 파일 : 연습문제 01.hwp ■ 완성된 파일 : 23장 연습하기 01(완성).hwp

도형을 사용하여 이미지 위에 워터마크를 표시해 봅니다.
- 도형 안에 글자를 넣을 때는, 마우스 오른쪽 단추를 누르고 [도형 안에 글자 넣기]를 클릭합니다.

2 ■ 불러올 파일 : 없음 ■ 완성된 파일 : 없음

나만의 서명을 만들어 워터마크로 저장해 봅니다.
- 여러 개체를 사용해 만드는 경우, [그림] 탭-[그룹]-[개체 묶기]로 모든 개체를 그룹화하고, 저장해 사용할 수 있습니다.

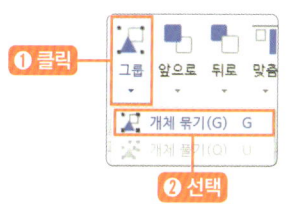

CHAPTER 23_ 워터마크 만들기 • **153**

CHAPTER 24 나의 꿈 소개하기

학습목표
- 나와 나의 꿈을 소개하는 문서를 만들어 PDF 문서로 저장해 봅니다.
- 프리젠테이션 기능으로 발표 연습을 해봅니다.

■ 불러올 파일 : 없음   ■ 완성된 파일 : 나의 꿈 소개(완성).hwp

완성작품 미리보기

오늘 배울 기능

문서 마당, PDF로 저장, 프리젠테이션

스토리 소개

한글에서도 한쇼나 파워포인트처럼 프리젠테이션을 할 수 있습니다. 펜 도구까지 활용하면 발표할 때 내용을 조금 더 강조할 수 있습니다.

154 • 컴스타2_ 한글 2020

1 문서 마당

❶ '한글 2020'을 실행합니다.

❷ [파일]-[문서 시작 도우미]를 클릭한 후, [온라인 서식 문서 내려받기]를 클릭합니다. 이어서, '유치원 휴원 안내문'을 검색한 다음 검색된 문서를 클릭하여 [내려받기] 합니다.

❸ 문서가 열리면 텍스트를 모두 블록 지정한 다음 마우스 오른쪽 단추를 눌러 [지우기]를 클릭합니다.

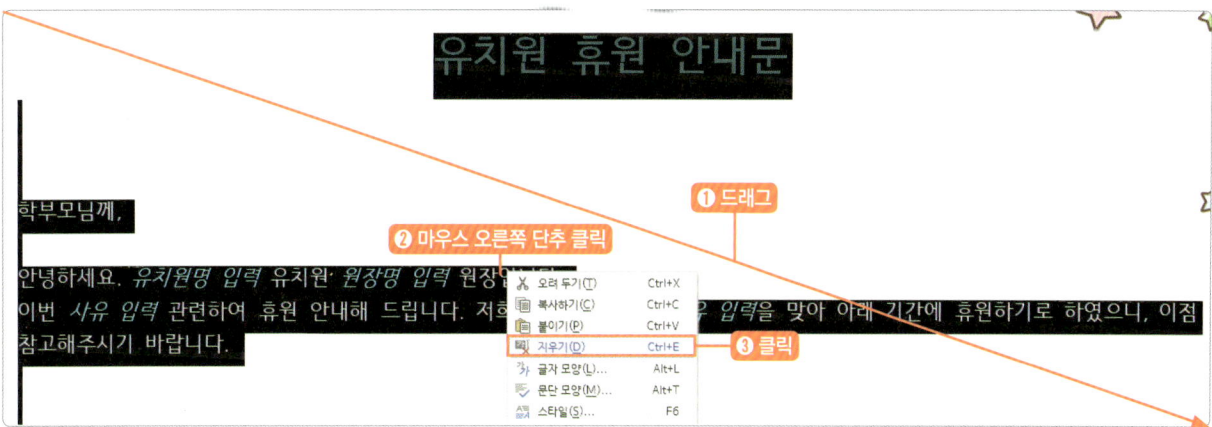

2 글맵시로 제목 넣기

① [입력] 탭-[글맵시] 꾸러미에서 임의의 채우기를 선택한 다음 '나의 꿈을 소개합니다'를 입력한 후, <설정> 단추를 클릭하고 중앙에 배치합니다.

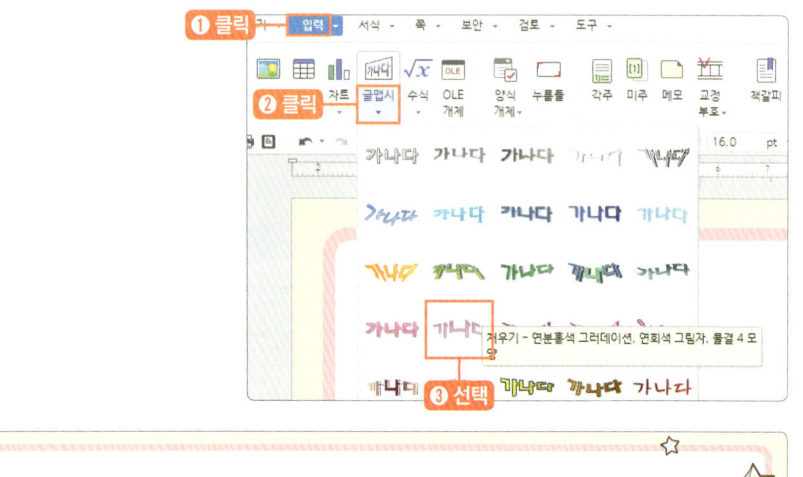

② [입력] 탭-[가로 글상자]를 문서 아래 중앙에 그려주고, '아소 초등학교 6학년 1반 김컴린'을 입력한 후, '글꼴(함초롬돋움)', '크기(16pt)', '가운데 정렬'을 합니다.

③ 글상자 테두리를 더블클릭하고 [선] 탭-[선]에서 '색'을 임의로 지정한 다음 '사각형 모서리 곡률(둥근 모양)', [채우기] 탭-'색 채우기 없음'을 선택한 후, <설정> 단추를 클릭합니다.

❹ 문서 바깥쪽을 클릭하여 개체를 해제하고, [Ctrl] + [Enter] 키를 4번 눌러 새로운 4쪽을 만들어 줍니다. (총 5페이지)

❺ '1페이지'의 글맵시를 선택한 다음 [Ctrl] + [C] 키로 복사하고 '2페이지'에 [Ctrl] + [V] 키로 붙여 넣은 후, 크기를 줄여 왼쪽 위에 배치합니다.

❻ '2페이지'의 글맵시를 같은 방법으로 복사하고, 3페이지에서 5페이지까지 붙이기를 합니다.

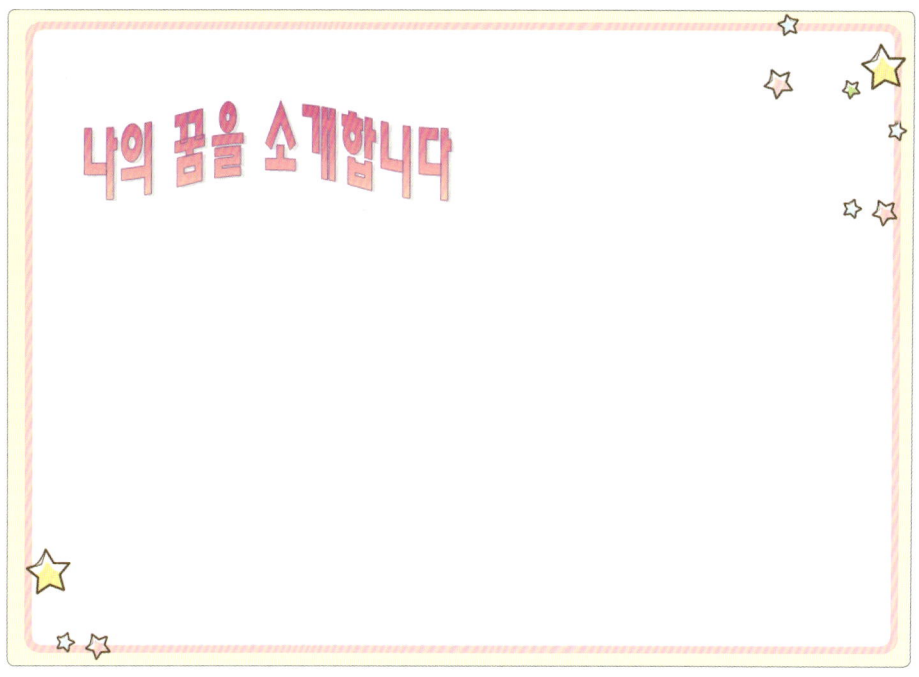

3 글상자 복사해서 내용 입력하기

❶ '1페이지'의 글상자를 복사한 다음 '2페이지'에 붙이기를 합니다.

❷ 글상자 내용을 지우고 다음과 같이 입력한 후, 글자 모양을 설정합니다.
- **'나의 꿈'** : 글자 크기(20pt), 밑줄
- **'유치원 선생님'** : 글자 크기(30pt), 굵게

❸ 같은 방법으로 '3페이지'에 글상자를 복사, 붙이기를 한 다음 본문 '글자 크기(10pt)'로 변경합니다. (5페이지까지 작성)

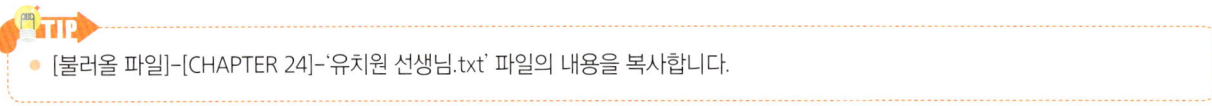
- [불러올 파일]-[CHAPTER 24]-'유치원 선생님.txt' 파일의 내용을 복사합니다.

❹ 각 페이지에 그림을 넣어 배치한 다음 [파일]-[PDF로 저장하기]를 클릭하고 본인의 폴더에 저장합니다.

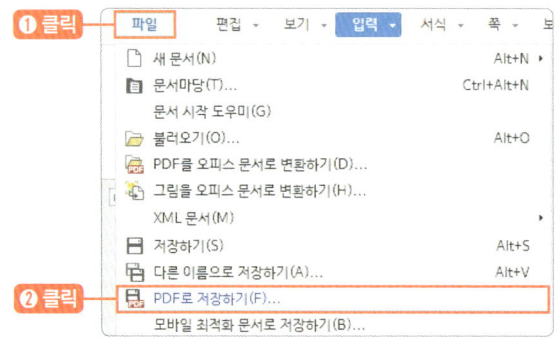

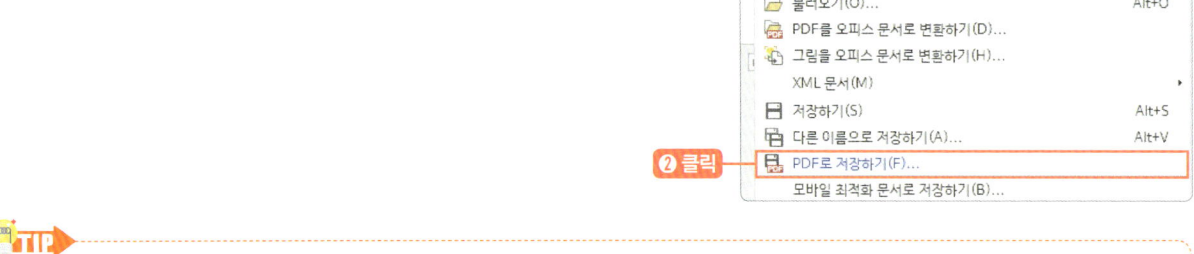
- PDF로 저장하면 한글 프로그램이 없이도 어느 장치에서나 열어 볼 수 있습니다.

4 프리젠테이션으로 발표하기

① [도구] 탭-[프리젠테이션]-[프리젠테이션 설정]을 선택하고 [프리젠테이션 설정] 대화상자가 나오면 [화면 전환] 탭-[효과]-'상자형으로 펼치기'를 선택한 후, <실행> 단추를 클릭합니다.

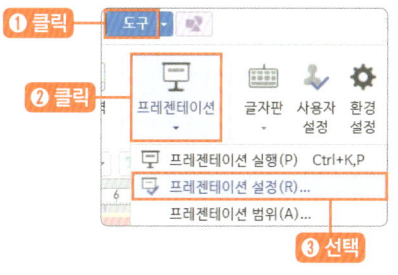

② 마우스를 클릭(마우스 휠 드래그)하면 다음 쪽으로 넘어가며 프리젠테이션이 실행됩니다. 화면 위에 마우스 오른쪽 단추를 눌러 [펜]을 선택해 화면에 표시할 수 있습니다.

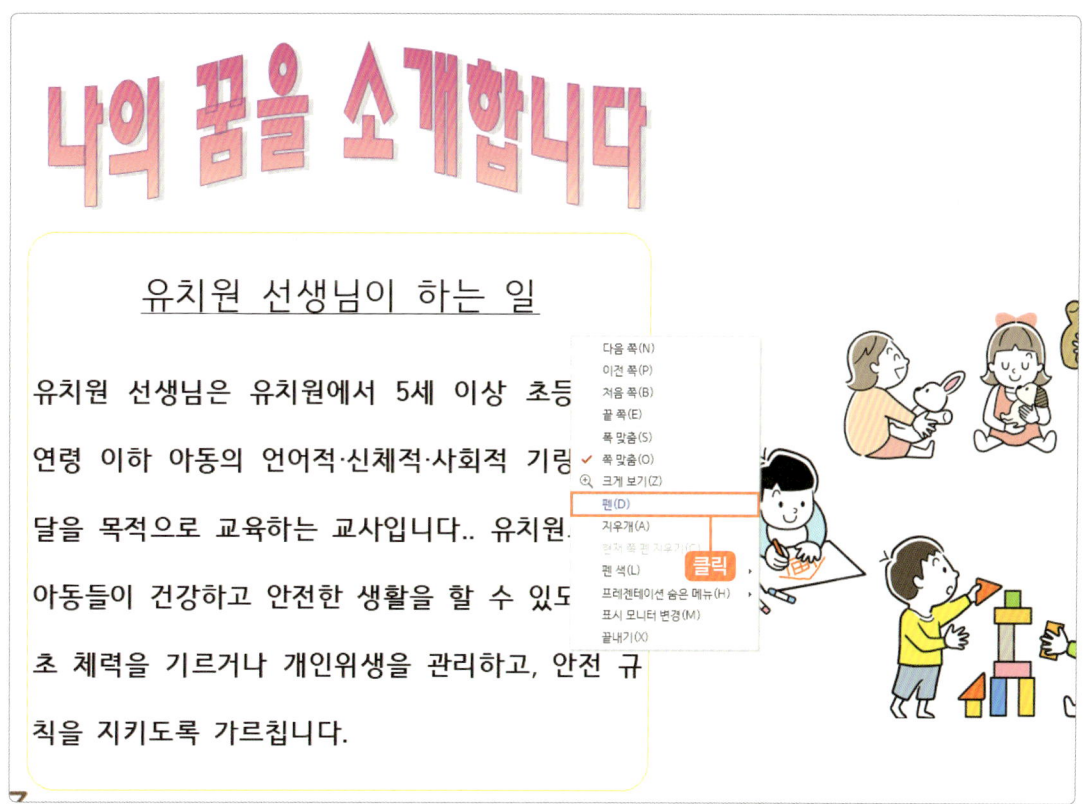

❸ 마지막 페이지까지 프리젠테이션이 실행되면 화면 위에 마우스 오른쪽 단추를 눌러 [끝내기]를 선택하여 종료할 수 있습니다.

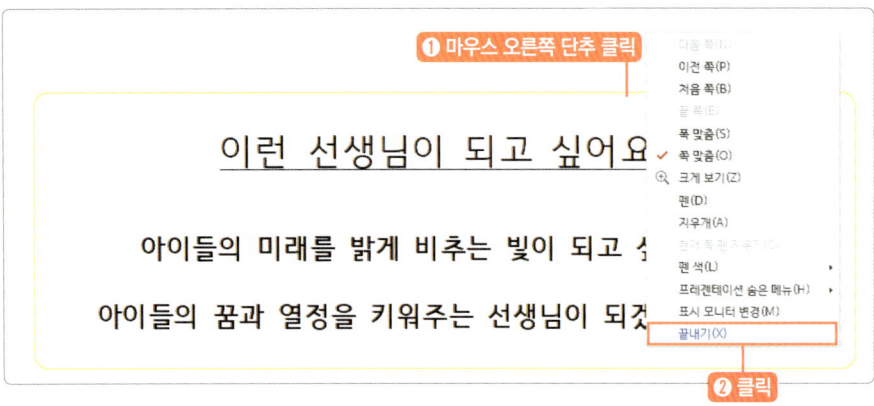

❹ [파일] 탭-[다른 이름으로 저장하기]를 클릭하고 대화상자가 나오면 본인의 폴더를 선택한 후, 이름을 '나의 꿈 소개'를 입력합니다. 이어서, <저장> 단추를 클릭합니다.

연습문제

CHAPTER 24

■ 불러올 파일 : 연습하기 01.hwp   ■ 완성된 파일 : 24장 연습하기 01(완성).hwp

'나의 진로 탐색'의 빈칸을 채워 봅니다.

- 인터넷 검색으로 내가 탐색한 직업을 조사해 봅니다.
- 나의 폴더에 '나의 진로 탐색.hwp'로 저장하기

진로 계획 수립하기

나의 진로 탐색

학년   이름

1. 미래 꿈 설정하기		
① 나의 흥미	내가 지금 좋아하는 일은?	
	특히 힘들거나 싫어하는 일은?	
② 나의 적성	내가 잘하거나 좋아하는 일은?	
	나의 성격은?	
③ 나의 중요한 가치관	나의 목표는?	
	내가 생각하는 행복한 삶이란?	
	평생 반드시 이루고 싶은 일은?	
④ 나의 장단점	나의 장점은?	
	나의 단점은?	
⑤ 나의 희망 직업		

2. 직업 정보 탐색하기	
① 내가 탐색한 직업?	
② 이 직업은 어떤 유형인가요?	
③ 어떤 일을 하나요?	
④ 어떻게 하면 될 수 있나요?	
⑤ 필요한 지식은 무엇일까요?	

나의 진로 탐색

 ■ 불러올 파일 : 종합평가 01.hwp   ■ 완성된 파일 : 종합평가 01(완성).hwp

글상자, 선을 이용해서 나의 인생 그래프를 그려봅니다.

- 인생 그래프(높고, 낮음)에 따라 글상자의 색을 다양하게 넣어봅니다.
- 곡선을 사용해서 그래프를 부드럽게 그려봅니다.
- 나의 폴더에 '나의 인생 그래프.hwp'로 저장해 봅니다.

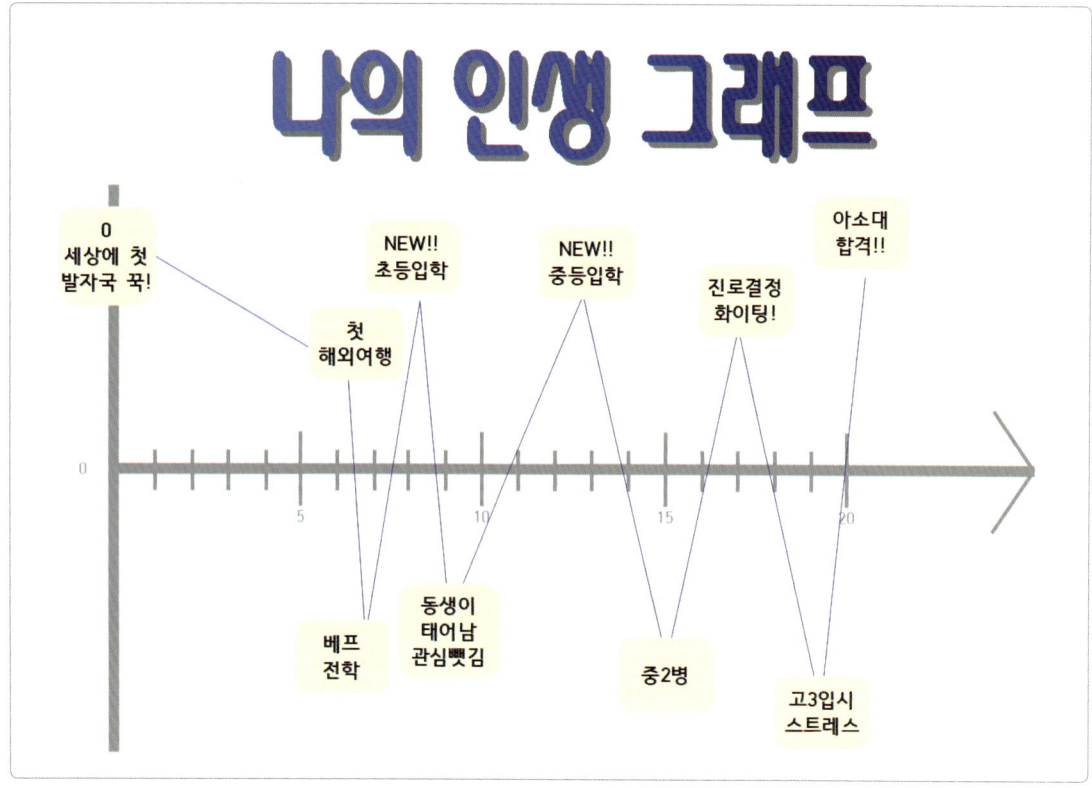

2 ■ 불러올 파일 : 없음   ■ 완성된 파일 : 종합평가 02(완성).hwp

다음의 예시를 보고, 나의 만다라트를 작성해 봅니다.

- '9줄 9칸' 표를 삽입하고 [셀 크기]-[높이]/[너비]-'16.5mm' 지정해 봅니다.
- 키워드는 자유롭게 선정, 배치하고 과거/현재/미래를 기준으로 표를 채워 봅니다.

나의 만다라트

지각 안하기	줄지 않기		양보 잘하기	싫은건 표현		콘서트 가보기	봉사 활동	여행 가기
도서관 방문	학교 생활		편지 쓰기	친구 관계		미술관 관람	경험	
				고마움 표현		박물관 관람		
도서관 방문	한달에 한권	좋은 문장 필사	학교 생활	친구 관계	경험	하루 10분 걷기		
	독서		독서	나의 도전	건강	음료 줄이기	건강	
			진로	습관	목표			
하고 싶은일 찾기	진로 검사 하기		늦어도 11시에 잠들기	일기 쓰기	용돈 아껴 쓰기	ITQ한글 자격증 따기	ITQ파포 자격증 따기	ITQ엑셀 자격증 따기
	진로			습관			목표	

K마블 소개

아카데미소프트와 코딩아지트의 컴교실 타자 프로그램

[K마블이란?]

[K마블 인트로]

- 아직도 막 쳐! '**K마블**' 이라고 들어봤니?
- 키보드타자 + 마우스 + 문제해결능력은 물론 블록코딩과 **학습게임**까지
- 타자치는 인공지능 로봇 **키우스봇**과 함께하는 학습게임 타자 프로그램
- 모든 연습 내용은 학습에 필요한 단어, 문장으로 구성
- **책 한권**구입으로 타자 S/W 무료
- 외계로부터 **지구를 지키는 스토리** 구성과 8개의 레벨로 구성
- 선생님만을 위한 원격제어 기능

> K마블이 V 1.1로 업데이트 되었어요!
> **영어 버전**도 준비하고 있어요^^

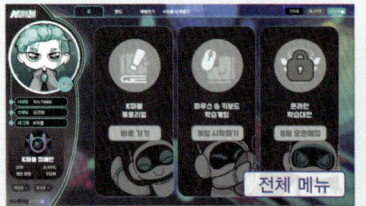
전체 메뉴

K마블 튜토리얼

마우스&키보드 연습

마우스 게임

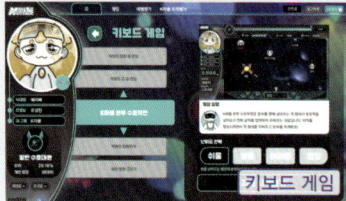
키보드 게임

온라인 대전

온라인 대기실

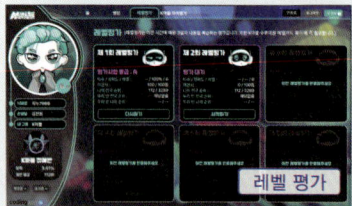
레벨 평가

▲ 정가(14,000원)

나의 랭킹

랭크 및 레벨

 ※ K마블 **영어 버전**은 2025년 상반기에 출시될 예정이에요^^

K마블 활용능력 자격 평가 안내

타자 자격증!!!
K마블 활용 능력

| 시행처 : 국제자격진흥원

[민간자격등록]
K마블 한글타자(2024-001827)
K마블 영문타자(2024-002318)

▶ **자격증 개요**

'K마블 활용 능력' 자격 평가 시험은 컴퓨터 입문자를 위한 기초 자격시험으로 ITQ 및 DIAT 컴퓨터 자격시험 이전에 간단한 타자 능력을 평가하는 자격 평가 시험입니다.

▶ **시험 과목 및 출제 기준**

컴퓨터 기초 이론 + 마우스 + 키보드(타자) + 문제해결능력(블록 코딩)으로 구성

시험과목	시간	문항수	배점	등급	
컴퓨터 기초 이론	10	10	100	A	900점 이상
마우스 사용 능력	10	2	300	B	800점 이상
키보드(타자) 사용 능력	10	2	300	C	700점 이상
문제해결능력	10	2	300	D	600점 이상

▶ **자격증 특징**

✓ **누구나 쉽게 온라인으로 진행**
- 교육기관에서는 단체 시험을 누구나 쉽게 온라인으로 원서접수 및 자격시험을 볼 수 있습니다.
- 교육기관은 교육 현장에서 교육 후 바로 시험을 볼 수 있습니다.
- 개인 응시자도 방문 접수 및 집체 시험 없이 온라인으로 원서접수 및 자격시험을 볼 수 있습니다.

✓ **타자 능력을 평가하는 컴퓨터 기초 시험입니다.**
- OA 과정 또는 ITQ 및 DIAT 등 컴퓨터 전문 자격증을 취득하기 이전에 필요한 자격 시험입니다.
- 컴퓨터를 처음 접하는 입문자들에게 컴퓨터 기초지식과 타자 및 마우스 사용 능력을 평가하는 시험입니다.

✓ **학습과 시험이 간단 명료합니다.**
- K마블과 교재로 학습하고 해당 내용에서 출제하는 간단한 시험입니다.

✓ **모든 시험이 CBT 방식으로 컴퓨터에서 모두 시행됩니다.**
- 시험의 모든 과목이 컴퓨터에서 진행됩니다.

 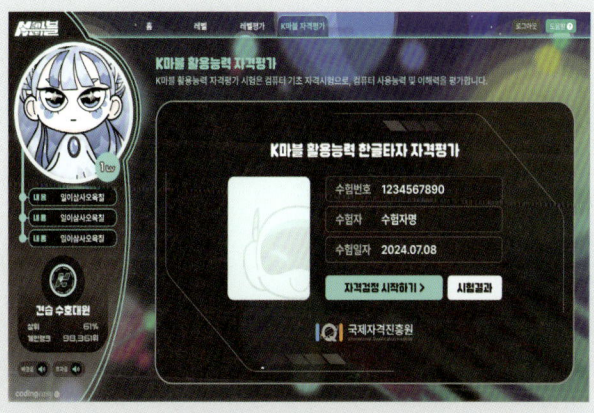

※ **2024년 하반기 첫 시험**이 시행됩니다. (별도 공지)

채점프로그램 MAG 소개

2025년 아카데미소프트와 코딩아지트의 새로운 메타인지 + 인공지능 채점 프로그램
AI 채점 프로그램 "MAG"

- ▶ This Is Grading
- ▶ 선생님만을 위한 **네트워크** 채점프로그램으로 전체 학생들 성적을 실시간 확인
- ▶ **메타인지** 통계 및 성적 프로그램으로 부족한 부분과 단점을 완벽히 보완
- ▶ 개인, 반, 그룹, 전국 평균 및 랭킹으로 **성적 비교 분석**
- ▶ **인공지능**으로 채점율 UP
- ▶ 실제 시험장과 유사한 환경으로 모의고사 진행

채점 프로그램! UI 잠깐 훔쳐보기

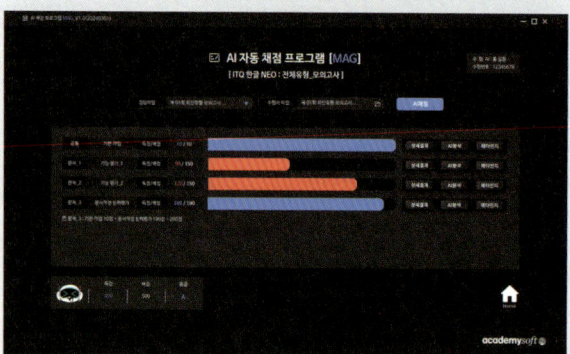

▲ 화이트 모드 사용   ▲ 다크 모드 사용

- ▶ 베타버전 : 2024년 하반기
- ▶ 정식 Ver 1.0(네트워크) : 2025년 3월 출시
- ▶ 정식 Ver 2.0(메타인지) : 2025년 7월 출시
- ▶ 정식 Ver 3.0(인공지능) : 2025년 9월 출시

채점프로그램 MAG 소개

▲ 학생 PC 채점 결과_1(대분류 채점)

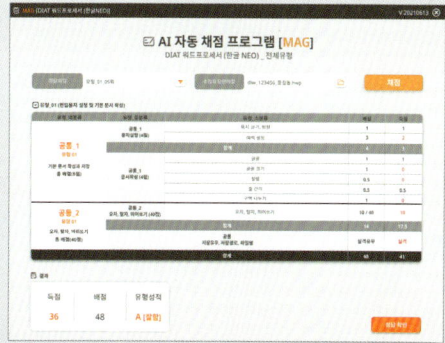

▲ 학생 PC 채점 결과_2(중분류 채점)

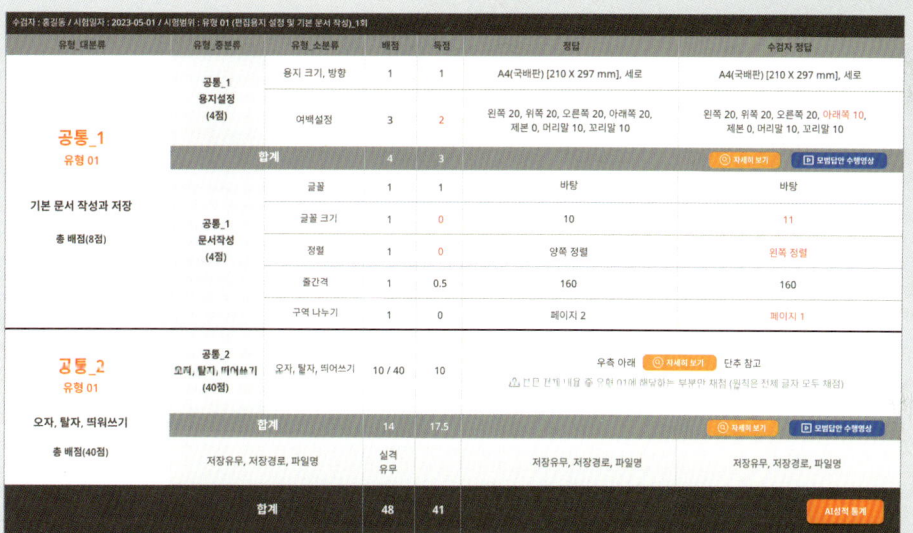

▲ 학생 PC 채점 결과_3(소분류 채점)

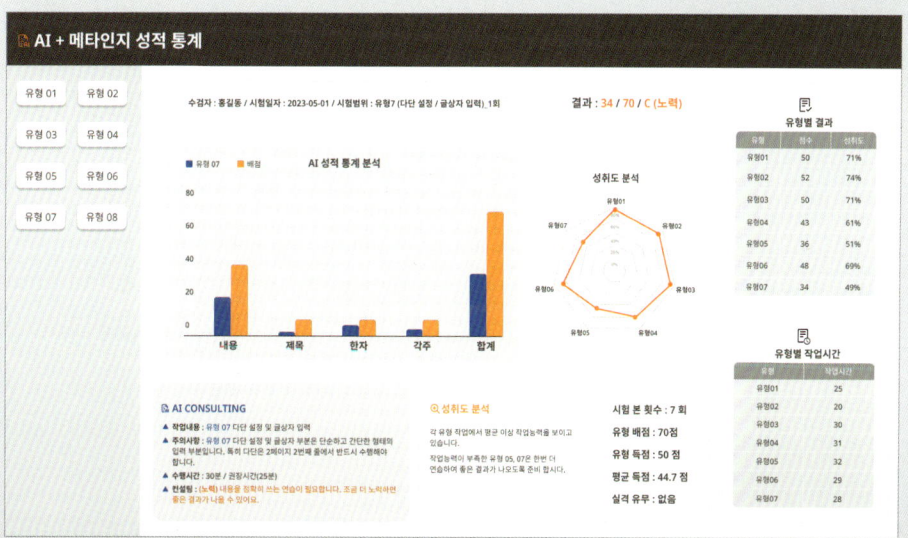

▲ 메타인지와 인공지능을 통한 채점 및 성적 분석

MEMO